KB126665

눈 감으면 졸리지만
명상은 좀 ◇멋져요◇

진로, 성적, SNS, 친구 관계로 힘들어하는
10대를 위한 마음챙김 입문서

눈 감으면 졸리지만 명상은 좀 ◇멋져요◇

휘트니 스튜어트 글 | 신인수 옮김

오유아이 Oui

차례

삶이 와르르 무너져 내렸을 때

나는 자신감 넘치게, 활기차게, 지적 호기심을 가지고 고등학교 생활을 시작했다. 공을 던지거나 암벽 등반을 하지 않을 때는 연극을 하거나 공부를 했다. 의욕이 생겨 대학에 들어갈 준비도 했다. 학교에서는 내게 동문의 날 인사말을 해 달라고 부탁했다. 그래서 1학년 때 나는 어른들 앞에 서서 개성에 관한 이야기를 했다. 나는 똑똑하고 무엇이든 해낼 수 있다고 생각했다.

틀린 생각이었다.

고등학교 1학년 때, 무릎에 문제가 생겨 라크로스(끝에 그물이 달린 크로스라는 스틱을 이용하여 상대의 골에 공을 쳐 넣어서 득점을 겨루는, 하키 비슷한 구기) 학교 대표 팀에서 뛸 수가 없었다. 병원에 갔더니 의사 선생님이 이렇게 말했다. 상대방과 겨루는 스포츠를 관둔다면 나는 마흔 살에 계속 걷고 있을 테지만, 그렇지 않으면 휠체어에 앉아 있을 거라고. 선택의 여지가 없다는 생각에 운동을 그만두었다. 그 뒤로, 라크로스 감독님은 나를 거들떠

보지도 않았다. 유망한 신입생으로서, 내게 그토록 많은 관심을 쏟아 주던 분이었는데 말이다. 운동부 친구들도 경기 연습하느라 바빴기 때문에, 나는 친구들을 모두 잃어야 했다.

나 자신이 더는 강하고 활기찬 사람 같지 않았다. 힘든 운동에 에너지를 쓰지 못했다. 그저 빈둥거리고 있으려니 내가 무엇이든 쉽게 그만두는 사람처럼 느껴졌다. 한번 그런 식으로 생각하니, 나는 더욱 나약해졌다. 잘 먹지 못하고, 혼자 공부하고, 스트레스에 시달리며 시간을 보냈다. 마음은 늘 경기장에서 뛰고 있었고, 잠을 이루지 못했다. 누구에게 말을 걸어야 할지 몰랐고, 괴로운 생각과 감정을 나 스스로 어떻게 받아들여야 할지 알 수 없었다.

가족 때문에 스트레스는 더 심해졌다. 가족 중 몇몇이 알코올 중독과 약물 중독에 시달리고 있었다. 그 와중에 나는 성폭행을 당했는데도 그 말을 어떻게 꺼내야 할지 몰랐다. 누군가에게 말하기는 수치스러웠고, 말한 다음에 벌어질 결과가 두려웠다. 삶이 마치 위기가 줄줄이 꿰어 있는 긴 실처럼 느껴졌고, 나는 최악의 상황을 예감하면서 늘 신경이 곤두서 있었다.

그때 요가 간판이 눈에 띄었다. 1970년대 당시에 사람들은 요가를 이상하고 별난 것으로 생각했다. 하지만 나는 한번 해 보기로 했고, 움직이며 명상하는 방식이 마음에 쏙 들었다. 요가는 잠시나마 마음의 평화를 느끼게 해 주었다. 나는 열여섯 살이었고, 내 삶은 조금씩 바뀌었다. 아주 천천히. 요가 수업 몇 번 받고 내 문제가 사라졌다는 뜻은 아니다. 문제는 결코 사라지지 않았다. 우리 집의 혼란도 여전했고, 학교에서 잘해야 한다는 압박감도 그대로였다. 게다가 나는 나 자신에게 엄격했다.

1980년대에 나는 젊은 작가로서 아시아에 머물며 명상하는 법을 배웠다. 집으로 돌아온 뒤에도 규칙적으로 명상을 하고, 힘겨운 감정을 한층 편하게 받아들이는 법을 익혔다. 이런 연습을 하면서 부정적인 생각에는 질문을 던지고, 내가 어떻게 해도 풀 수 없는 문제는 받아들여 보았다. 그렇게 더욱 긴장을 풀고, 변화와 예측할 수 없는 상황을 그대로 받아들였다.

내 이야기는 수많은 이야기 중 하나일 뿐이다. 우리는 누구나 자신의 감정과 변화를 다룰 줄 알아야 한다. 가끔은 불가능하게 느껴지더라도 말이다. 나는 내면의 균형을 찾는 길잡이로서 이 책을 썼다. 우리는 다른 사람이나 환경을 바꿀 수 없을지 몰라도, 우리 자신을 바꿀 수는 있다. 자신의 마음을 바라볼 준비가 되었다면, 이제 마음챙김을 시작해 보자.

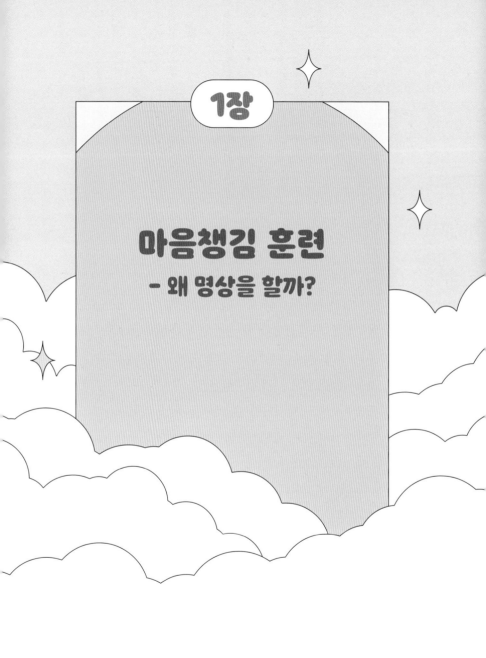

1장

마음챙김 훈련
- 왜 명상을 할까?

많은 사람이 마티외 리카르Matthieu Ricard를 '세상에서 가장 행복한 사람'이라고 부른다. 하지만 당사자는 자신을 그렇게 생각하지 않는다. 자신보다 더 행복한 사람들을 안다면서, 자신을 부르는 별명에 터무니없다고 말한다. 마티외 리카르는 "저는 모든 것을 장밋빛으로 보지 않아요. 다만, 흔히 그렇듯이 인생 기복 때문에 마음이 어지러워지지는 않지요."라고 말한다.

마티외 리카르는 프랑스에서 태어나 분자유전학으로 박사 학위를 받았다. 하지만 과학 분야 쪽으로는 경력을 접고, 불교를 공부하여 승려가 되었다. 또한 글을 쓰는 작가이자 사진작가이기도 하다. 현재 네팔에 살면서 가난한 어린이들에게 의료, 교육, 복지를 제공하는 단체를 운영하고 있다. 차분하고 느긋하고 자연스러운 의식 상태에서 정신을 집중하고 편안한 마음을 유지하는 정신 훈련인 명상에 관한 글을 쓰고 수련한다.

여러 연구에 따르면 날마다 명상하는 사람은 행복, 집중, 기억과 관련된 뇌 부위에서 활동량이
증가하는 양상을 보인다.

　　2008년, 마티와 리카르는 미국 위스콘신대학교 심리학 및
정신의학과 교수이자 대학에서 '건강한 마음 센터'를 이끄는 리
처드 데이비드슨Richard Davidson의 실험에 참여했다. 데이비드슨은 리
카르의 머리에 센서 256개를 부착하고, 리카르가 명상하는 동안
일어나는 전기 자극을 뇌파 기록 장치로 측정했다. 또 자기공명
영상MRI 장치로 리카르가 명상하는 동안 그의 뇌를 촬영했다.
　　분석 결과, 리카르가 명상에 집중하는 동안에는 뇌에서 감마
파 수치가 엄청나게 높아졌다. 뇌파 중 가장 빠른 감마파는 집중,

정보 처리, 기억과 관련 있다. 리카르는 또한 왼쪽 전전두엽 피질에서 활동 수치가 굉장히 높게 나타났다. 행복과 관련된 뇌의 부위에서 말이다. 이 연구는 명상이 뇌에 긍정적인 영향을 끼친다는 증거를 보여 주었다.

리카르를 상대로 실험을 한 뒤, 데이비드슨은 이런 실험에 참여할 승려 21명을 새로 모집했다. 모두 오랫동안 명상을 수행한 사람들이었다. 이 승려들의 실험에서도, 명상할 때뿐만이 아니라 명상을 마친 뒤에도 집중력과 긍정적인 상태를 나타내는 수치가 굉장히 높게 나타났다. 승려들이 명상으로 뇌를 매우 잘 훈련하여, 긍정적인 마음 상태를 유지한다는 결과를 보여 준 것이다. 데이비드슨과 그가 이끄는 연구팀은 〈미국국립과학원회보〉에 다음과 같이 연구 결과를 실었다. "수행자가 정신을 훈련하는 '명상'은 오랜 시간 동안 생각과 감정을 변화시키며 자신의 정신

───────────────────

"명상을 하면 할수록 지속되는 특성이 강해집니다. ……인지적 변화에서 나타나고, 행동 변화에서도 나타납니다. 가장 중요한 것은 신경학적 변화에서도 나타난다는 점이에요. ……명상을 연습하는 초기부터 눈길을 끄는 이점이 있어요. 스트레스 해소에 효과를 나타낸다는 점이에요. 스트레스를 받는 상황에서 더욱 빨리 기운을 회복하게 해 주거든요."

대니얼 골먼 심리학자·과학 저널리스트

───────────────────

생활에 친숙해지는 과정이다.”

데이비드슨은 미국 뉴저지주 러트거스대학교의 심리학자인 대니얼 골먼Daniel Goleman과 함께 이번 실험을 비롯해 이와 비슷한 여러 연구를《변화하는 특성: 명상이 어떻게 마음과 뇌와 몸을 변화시키는지 과학이 밝혀내다》라는 책에 썼다. 이들은 수년 동안 명상을 해 온 승려만 연구 대상으로 삼지는 않았다. 몇몇 연구에서는 고작 8주 동안 날마다 명상한 사람들의 뇌에도 긍정적인 영향이 나타났음을 보여 준다. 이런 연구를 토대로, 리카르는 더 큰 행복을 얻기 위해서 누구나 훈련할 수 있다고 믿으며, “자전거를 타는 법을 배울 수 있다면, 행복해지는 법도 배울 수 있어요.”라고 말한다.

명상은 언제부터 했을까?

마음챙김에서 중요한 것은 명상이다. 명상 훈련은 내 마음에 집중하고, 자각하는 범위를 넓히고, 내 감정을 이해하고, 삶을 훨씬 편안하게 대하도록 돕는다.

마음챙김은 고대 불교 교리에 뿌리를 둔다. 불교 창시자는 ‘붓다Buddha’라고 불리는 고타마 싯다르타Gautama Siddhartha이다. 싯다르타는 기원전 563년 무렵 인도 국경에서 가까운 곳, 오늘날 네팔의 룸비니에서 왕자로 태어났다. 싯다르타는 호화롭게 살았지만,

궁전 밖에서 인간이 늙고 병들고 죽는 고통을 목격했다. 그는 왕자로서 사는 삶을 버리고 고통을 초월하는 방법을 찾기로 했다. 싯다르타는 음식을 먹지 않는 것과 같이 혹독하게 스스로를 채찍질하는 방식을 시도했지만, 몸만 허약해질 뿐이었다. 그래서 싯다르타는 나무 밑에서 여러 날 명상을 했고, 마침내 깨달음을 얻었다. 고통스러운 감정에서 벗어난 상태, 정신과 영적 자각인 득도의 경지에 이른 것이다. 그 후로 싯다르타는 평생을 바쳐 사람들이 정신을 훈련하고 깨달음을 얻도록 가르쳤다.

싯다르타의 가르침은 '불교'라는 종교로 발전했다. 불교는 인도 곳곳으로 퍼졌고, 이어서 중국, 한국, 일본을 비롯해 아시아의 다른 지역으로 퍼져 나갔다. 싯다르타가 죽은 뒤 수천 년 동안, 불교를 믿는 사람은 아시아에만 있었다. 하지만 19~20세기에 몇몇 서양인이 싯다르타의 가르침을 연구하기 시작했다.

1960년대 미국에서는 문화와 사회 방면에서 큰 변화가 일었다. 아프리카계 미국인들은 자신들의 인권을 위해 싸웠고, 여성은 남성과 평등해지기 위해 싸웠고, 젊은이들은 미국이 베트남 전쟁(1957~1975)에 개입하는 것을 반대하는 시위를 벌였다. 많은 미국 젊은이들이 그들의 부모가 내세우는 종교·경제·정치적 가치에 의문을 품었다. 젊은이들은 새로운 생활 방식과 영적인 길을 탐구하고 싶어 했다. 어떤 젊은이들은 불교를 공부하기 위해 인도, 네팔, 버마(지금의 미얀마), 타이, 일본으로 떠났다. 명상을

시도하는 이도 있었다. 또 어
떤 사람들은 명상, 자세, 호흡
방법을 익히는 전통 요가와
인도의 또 다른 종교인 힌두
교에 뿌리를 둔 수련법을 배
웠다.

명상은 불교에 뿌리를 두고 있다. 그림에서
명상 자세를 하고 있는 고타마 싯다르타는 기
원전 500년 무렵에 불교를 창시했다. 이 그
림은 1450년에서 1600년 사이에 그려졌다.

 1970년대에는 아시아에
서 불교, 명상, 요가를 배운
일부 미국인들이 고향으로
돌아가 이 종교와 수련법을
사람들에게 전했다. 한 예로,
잭 콘필드Jack Kornfield는 타이에서 평화봉사단(미국 정부의 해외 봉사
프로그램)으로 활동한 뒤, 타이, 인도, 버마에서 승려로 훈련받았
다. 콘필드는 1975년에 고향으로 돌아간 뒤, 인도에서 명상을 공
부한 샤론 샐즈버그와 타이에서 평화봉사단으로 함께 활동한 조
지프 골드스타인, 이 두 친구와 함께 미국 매사추세츠주의 바르
라는 곳에 '통찰명상협회'를 설립했다. 이들은 수련원을 곳곳에
열고 많은 미국인에게 마음챙김을 소개했다.

 존 카밧진Jon Kabat-Zinn은 1960년대에 미국 매사추세츠주 케임브
리지에 있는 매사추세츠대학교 공과 대학에서 분자생물학을 연
구하다가 명상에 관심을 가지게 되었다. 그는 케임브리지 '젠 센

터'에서 정기적으로 명상을 하기 시작했다('젠'은 불교의 한 종파인 선불교의 '선'을 일본식으로 발음한 것이다).

카밧진은 마음을 통해 몸이 치유되는 데에 연구 초점을 맞추었다. 카밧진은 매사추세츠대학교 의과 대학 교수로서, 건강을 위한 일반(비종교적) 마음챙김 프로그램을 개발했다. '마음챙김을 바탕으로 한 스트레스 완화'라는 이 프로그램은 명상과 몸 인지, 요가가 결합됐다. 그는 의사로 일하는 동안, '마음챙김을 바탕으로 한 스트레스 완화'가 스트레스 관련 질환, 만성 통증, 암에 걸린 환자에게 미치는 긍정적 영향을 연구했다. 그리고 기업 경영인, 운동선수, 변호사, 종교 지도자, 학생, 교도소 수감자를 비롯해 수천 명에게 마음챙김을 가르쳤다. 또한 카밧진은 오랜 친구인 대니얼 골먼, 리처드 데이비드슨과 팀을 이루어 마음챙김이 두뇌에 어떻게 긍정적인 영향을 끼치는지를 연구했다. 이들의 연구는 학교나 건강 관리 시설, 직장에서 마음챙김 프로그램을 확립하는 데 도움을 주었다.

의료 기술이 발달함에 따라 뇌파 기록 장치와 자기공명영상 같은 새로운 의료 장비가 등장하여, 명상할 때 일어나는 뇌파 변화 연구가 가능해졌다. 또한 연구원들은 명상가가 정신을 집중하고 호흡을 조절하도록 돕는 소프트웨어도 발명했다. '헤드스페이스Headspace', '캄calm', '멈추고, 숨 쉬고, 생각하기Stop, Breathe, and Think' 같은 휴대폰 명상 앱이 만들어져 사용자가 맥박처럼 고동치는 파란 점

1970년대에 존 카밧진은 마음챙김을 바탕으로 한 스트레스 완화 프로그램을 개발했다. 그의 연구는 마음챙김이 불안감을 낮추고, 몸을 치유하는 데 도움을 줄 수 있다는 점을 보여 주었다.

을 바라보거나, 자연을 담은 사진을 보거나, 리듬에 맞춰 숨을 쉬게 한다. 이것이 바로 몇 세기에 걸쳐 전해 온 지혜를 바탕으로 한 정신 훈련 기법이다.

마음챙김은 무엇일까?

카밧진의 연구 덕분에 마음챙김이 무엇인지 적절한 정의를 내릴 수 있게 되었다. 마음챙김이란, 아무 판단도 하지 않고, 인내심을 가지고, 일부러, 자신의 내면과 외면의 경험에 주의를 기울이는 것이다.

정의를 좀 더 자세히 살펴보자.

○ 마음챙김은 의도적으로 주의를 기울이는 방식이다. 우리는 스스로 알아차리지도 못한 채 여러 일을 하는 자동 조종 장치가 아니다. 우리는 깊은 관심과 열린 의식으로, 경험할 내 삶을 선택하는 존재다.

○ 인내심을 가진다는 말은 차분하게, 천천히, 현재 일어나는 일에 집중하도록 정신을 훈련한다는 뜻이다. 자꾸 다른 데 정신이 팔리더라도, 참을성 있게 다시 정신을 한곳에 모으는 일이다.

○ 마음챙김은 자신의 내면과 외면의 경험에 집중한다. 내면의 경험은 생각, 감정, 몸으로 느끼는 감각이다. 외면의 경험은 자신을 둘러싸고 벌어지는 일, 자신의 감각으로 받아들이는 일이다.

○ 마음챙김에서는 아무 판단도 하지 않고 주의를 기울인다. 무슨 일이 일어나는지 알아차렸지만, 그 일에 관해 생겨난 생각을 흘려보낸다는 뜻이다. 여러 경험에 관해 내가 무슨 생각을 하는지가 아니라, 내가 보고, 듣고, 맛보고, 만지고, 냄새 맡고, 감지하는 것에 집중한다.

마음챙김은 바로 지금 일어나는 일에 주의를 기울이는 것이다. 무슨 일이 일어났는지 기억해 내거나, 어떤 일이 일어날지 예상하는 것이 아니다. 집중하려고 애쓰는 동안, 내 마음이 얼마나

'원숭이 마음monkey mind(원숭이처럼 날뛰는 불안 상태를 나타내는 말)' 같은지를 알아차릴 수도 있다. 마음속에서 끊임없이 잡담이 일어나, 지금 하는 일에서 주의력을 빼앗길 수 있다.

　마음챙김과 집중하는 연습을 하면, '원숭이 마음'도 얌전히 가라앉을 수 있다. 그 순간, 누군가는 '지혜로운 마음'이라고 부르는 '편안한 자각' 상태를 인지할 수 있다. 그러면 더는 자신이 경험한 일을 두고 머릿속에서 이러저러한 이야기를 하지 않는다. 그저 경험하며 살고, 경험 그 자체가 된다.

　마음챙김은 차분하고 자연스러운 자각 상태에서 마음을 쉬는 방법이다. 명상가들은 다양한 기술을 사용한다. 어떤 이는 호흡에 집중하거나, 또는 마음속에 떠올린 이미지에 정신을 집중하면서 앉거나 누워 있는 동안 몸을 움직이지 않는다. 또 어떤 명상가는 천천히 걸으며 발에 주의를 기울이거나 어떤 감각이 느껴지는지에 집중한다. 대부분의 명상가는 날마다 5분에서 1시간, 또는 그보다 더 오래 수련한다. 어떤 이들은 심지어 하루에 몇 시간씩 명상하는 명상 수련회에 이따금 참가하기도 한다.

데이비드슨의 연구 결과에서 봤듯이, 꾸준히 마음챙김과 명상을 수행한 사람은 정신 건강에 미치는 긍정적인 영향을 경험할 수 있다. 수련하면 할수록, 이런 좋은 영향은 더욱 강화되고 오래 지속된다. 좋은 영향으로는 다음과 같은 점이 있다.

- ○ 인지력과 집중력이 향상된다.
- ○ 힘겨운 상황에 덜 감정적으로 반응한다.
- ○ 스트레스를 잔뜩 받아도 마음을 추스르고 회복한다.
- ○ 육체적 통증을 덜 느낀다.
- ○ 기억력이 향상된다.
- ○ 공감력과 관대함이 증가한다.

이런 건 마음챙김이 아니다

어쩌면 마음챙김에 관해 터무니없는 주장을 들어 봤을지 모르겠다. '마음챙김이 모든 걸 치료해 줍니다! 더 똑똑하고, 부유하고, 더 멋져 보이게 해 줍니다!' 이런 과대광고는 잘못된 생각을 심어 준다. 종종 마음챙김에 관해 증명되지 않은 이야기나 과장된 주장을 펼치는 사람들이 있다.

다음과 같은 경우는 마음챙김이 아니다.

○ 마음챙김은 부유하고, 아름답고, 유명한 사람만을 위한 것이 아니다. 아마 명상 자세를 취한 모델을 잡지에서 본 적이 있을 것이다. 그건 마케팅이다. 마음챙김은 배경이나 외모와는 상관없이 모두를 위한 것이다. 마음챙김을 하는 데 많은 돈이나 장비, 특정한 옷은 필요 없다. 그저 집중하려는 의지만 있으면 된다.

○ 마음챙김은 빠른 해결책이 아니다. 정신 훈련이다. 몇 주 또는 몇 달을 운동해서 체력을 키우듯이, 마음챙김 또한 시간을 들이고 인내해야 한다.

○ 마음챙김을 한다고 모두 행복해지는 건 아니다. 마음챙김을 훈련하면, 전에는 알아차리거나 받아들이지 못했던 힘겨운 생각과 감정을 발견할 수 있다. 그렇다고 마음챙김을 잘못하고 있다는 뜻은 아니다. 수련하는 동안 어떤 경험을 하든 참을성 있게 앉아 있는 법을 배울 수 있다.

○ 마음챙김은 비판적인 사고를 가지고 어려운 문제에 대해 합리적인 해결책을 찾아 주는 해결사가 아니다. 그보다 마음챙김은 차분히 정신을 집중하여 스스로 준비하도록 돕고, 비판적인 사고를 할 수 있도록 돕는다.

○ 마음챙김은 기도가 아니다. 자신 또는 자신의 상황을 바꿔 달라고 외부의 신성한 신에게 부탁하는 게 아니다. 지금 겪는 경험

을 목격하고, 그 순간에 집중하도록 마음을 훈련하는 것이다.

○ 마음챙김은 종교가 아니다. 오늘날 명상 수련 방식에는 고대 정신 훈련 방식이 포함되어 있다. 종교를 가진 사람이라면, 각자 믿는 믿음과 더불어 마음챙김을 할 수 있다.

○ 마음챙김은 의학 치료 또는 정신 건강 치료의 대체물이 아니다. 가만히 앉아서 집중하는 것은 특정 질병에 도움이 되지 않을 지도 모른다. 우울증이나 불안감에 시달리고 있다면 마음챙김이 이를 대처하는 한 방법이 될 수 있지만, 그래도 믿을 수 있는 어른과 이야기를 나누고 전문적인 도움을 구해야 한다. 미심쩍은 부분이 있다면, 마음챙김 수련을 시작하기 전에 의사에게 진찰받는다.

누군가가 자신을 괴롭히고 폭력을 휘두르고 있다면, 이때도 마음챙김은 해결책이 아니다. 스트레스가 심한 사건을 겪은 뒤, 트라우마에 대처하고 마음을 가라앉히는 데 마음챙김이 도움이 될 수는 있다. 하지만 이와는 별개로 도움을 구해야 한다. 자신이 어려움을 겪고 있다면, 믿을 수 있는 어른이나 친구에게 털어놓아야 한다.

마음챙김에서 중요한 부분인 '자기 돌봄'은 자신이 안전하고 건강하게 잘 지내기 위해서 무엇이 필요한지를 아는 것이다. 그래서 인내심을 가지고 자신에게 친절히 대하고, 자신에게 이익

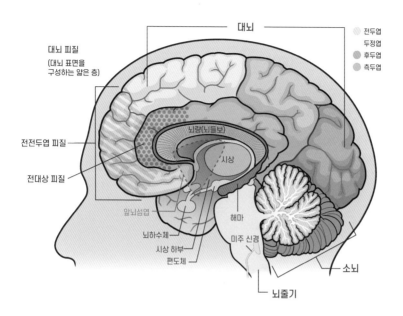

대뇌

전두엽
두정엽
후두엽
측두엽

대뇌 피질
(대뇌 표면을
구성하는 얇은 층)

뇌량(뇌들보)

시상

전전두엽 피질

전대상 피질

앞뇌섬엽

해마

뇌하수체
시상 하부
편도체

미주 신경

소뇌

뇌줄기

과학자는 뇌파, 자기공명영상, 그 밖에 여러 스캐닝 기술을 사용하여 명상이 뇌의 특정 영역에 어떻게 영향을 끼치는지 관찰할 수 있다. 이 그림은 주요 뇌 구조를 보여 준다.

이 되도록 긍정적인 행동을 하는 것이다. 자기 돌봄은 이기심과는 다르다. 자기 돌봄은 사랑과 존중하는 마음으로 자신을 대하기 때문이다. 따라서 내 안전을 지키기 위해서 목소리를 높여야 한다면, 목소리를 높이자!

명상은 지루하지 않을까?

어떤 사람은 하루에 5분, 10분, 심지어 20분 내내 가만히 앉아 있는 것이, 친구들과 놀거나 운동하거나 스마트폰을 사용하는 것보다 재미없다고 생각할지 모른다. 마음챙김은 놀이공원의 엄청난 워터슬라이드처럼 흥미진진하지는 않다. 하지만 자신을 알아 가는 방법으로서 흥미롭고, 게다가 호기심을 불러일으킬 수도 있다. 압박감 속에서 차분히 집중하는 능력이나, 날마다 만족하고 금세 회복하는 능력은 우리를 더 먼 곳까지 데려가 줄 것이다.

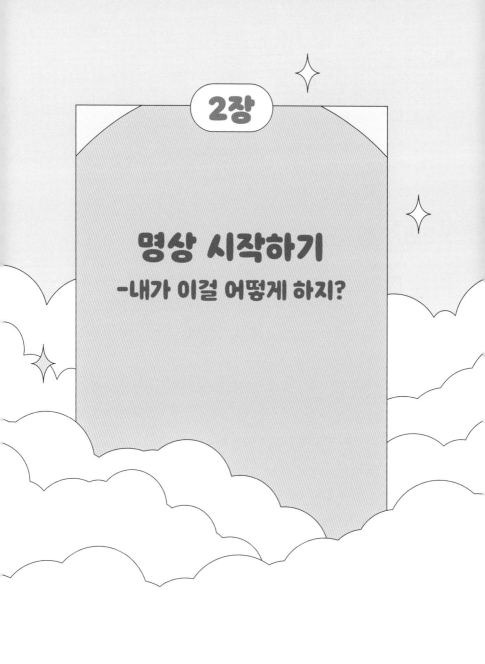

2장

명상 시작하기
-내가 이걸 어떻게 하지?

마음챙김을 해 보고 싶다면, 이번 장에 나온 대로 따라 해 보자. 순서대로 하지 않아도 되고, 규칙도 없다. 설명을 쭉 읽어 본 뒤에 한 가지를 할지, 두 가지를 할지, 세 가지를 모두 할지 결정한다.

이 책에 소개된 수련 방법들은 명상 지도자가 안내하는 대로 한 단계씩 따라 하는 안내 명상 방식이다. 여러 사람이 단체로 명상할 때는 지도자가 말로 설명한다. 명상 앱을 들을 때는 앱에서 나오는 설명을 듣는다. 이 책에는 글로 설명되어 있으므로, 명상하는 동안 친구에게 크게 읽어 달라고 부탁하자. 아니면 스마트폰으로 설명을 녹음한 다음, 명상할 때 재생한다. 또는 명상을 시작하기 전에 설명을 미리 읽어 둔다.

명상에서 마지막 단계는 주로 가만히 앉아 있기다. 또는 앉아 있는 동안, 언제까지 할지 정하지 않고 원하는 만큼 숨쉬기에

명상은 어디에서든 할 수 있다. 학생들이 책상 위에 앉아 선생님의 안내에 따라 명상하고 있다.

만 집중할 수도 있다. 얼마나 오랫동안 앉아 있어야 하는지 묻는 사람이 많다. 먼저 2분이나 3분 정도로, 견딜 수 있을 만큼만 시간을 정하고 시작하자. 정해진 시간이 되면, 잔잔한 벨 소리가 들리도록 타이머를 맞춰 둔다. 타이머가 없다면, 친구에게 어깨를 가볍게 톡톡 치거나 작은 소리로 명상이 끝난 걸 알려 달라고 부탁한다. 또는 그만두고 싶다고 느낄 때 명상을 마쳐도 된다. 명상하기에 딱 알맞은 시간은 없다. 명상에 익숙해지면 마음을 차분히 가라앉히고 점점 더 오래 앉아 있는 자신을 발견하게 될 것이다. 어느 정도 명상하면 알맞게 느껴지는지, 각자 시험해 보자.

명상은 어디에서든 할 수 있다. 어떤 사람은 영감을 주는 명상실을 집에 마련하여 날마다 명상한다. 규칙적으로 명상할 만한 장소가 없을 수도 있다. 그래도 괜찮다. 가만히 앉아 있는 동안 편안함을 느낄 수 있는 곳을 실내나 실외 어디든 찾아보자. 조용한 장소가 필요한 사람이 있는 반면, 주변 소음 속에서 정신을 집중하는 사람도 있다. 어느 쪽이 자신에게 효과가 있을지 살펴보자.

명상하는 자세로 앉아 있으면 몸과 마음을 편안히 하고 인식 범위를 넓히는 데 도움이 된다. 전통적인 방법에서는 바닥에 방석을 깔고 책상다리를 하고 앉지만, 담요를 접어서 깔고 앉아도 된다. 두 손을 손바닥이 아래로 향하게 하여 허벅지 위에 올려놓거나, 펼친 왼손바닥에 위에 오른손바닥을 위로 향하게 하여 겹쳐 놓고 엄지손가락 끝을 서로 붙인다. 또는 등을 꼿꼿이 세우고 의자에 똑바로 앉는다. 그리고 발로 땅을 단단히 딛고, 손바닥을 아래로 향하게 하여 양손을 허벅지에 올려놓는다. 어떻게 앉든지 몸을 똑바로 펴고 긴장을 푼다. 척추를 늘리면 숨이 몸속에서 더욱 쉽게 움직일 수 있어서, '원숭이 마음'을 차분히 가라앉힐 수 있다.

엎드린 자세로 명상하기를 좋아하는 사람도 있다. 이러한 자세는 특히 명상 안내 음성을 들을 때 더욱 깊이 긴장을 풀 수 있다. 또는 바닥에 담요나 매트를 깔고 눕거나, 소파나 침대에 누워도 좋다. 단단한 쿠션이나 돌돌 만 수건, 또는 요가 블록을 머리에 괸다. 또는 책을 베도 괜찮다. 딱딱하지 않도록 책에 스웨터나 수건을 깔자. 이어서 다리를 쭉 뻗는다. 발목은 서로 붙이고, 발끝은 반대 방향으로 툭 떨군다. 팔은 양옆에 둔다. 누워서 하는 명상은 쉽지 않다. 이런 자세로 잠들지 모르기 때문이다. 그렇다면 낮잠이 필요하다는 신호일 수 있다. 충분히 휴식을 취한 다음, 다시 명상을 하면서 무슨 일이 일어나는지 살피자. 앉아서 명상하다가도 잠들 수 있다. 앉은 자세에서 명상하다가 잠들지 않으려면, 눈을 뜨고 더 높은 곳을 쳐다보면서 빛이 눈에 더 많이 들어오게 한다.

명상을 시작하기 전에, 목표를 명상에 두지 않도록 한다. 마음챙김을 해서 좋은 점은 더욱 차분해지고, 더욱 집중하고, 불안을 줄일 수 있다는 것이다. 그런데 마음챙김을 수련하는 동안 목표를 정하면 괜한 좌절감을 맛볼 수 있다. 한 예로, 명상하면서 차분함을 느끼는 것을 목표로 삼는다면, 수련 내내 차분해지는 상태가 되기를 목이 빠지게 기다릴 수도 있다. 만약 차분한 상태가 되지 않으면 자신이 뭔가 잘못하고 있다거나 명상에 실패했다는 생각이 들지 모른다.

목표란 미래에 관한 것이다. 목표는 현재에 주의를 기울이지 못하게 하고, 어떤 일이 일어나도 받아들이려는 태도를 가로막는다. 따라서 마음챙김 수련 자체에 목적을 두는 것이 더 도움이 된다. 자신의 경험에 열린 마음을 유지하고, 자신의 경험을 자각하

명상 자세

전문 명상가들은 자세가 중요하다는 사실을 알았다. 자세를 올바르게 해야 긴장을 풀고 정신을 또렷이 하는 데 도움이 된다. 또 어수선하고 바쁜 마음을 차분히 가라앉히는 데도 도움이 된다. 사람들은 대부분 척추를 쭉 편 상태로 앉아서 명상한다. 여러분도 자세를 똑바로 했다면, 다음 지침을 따르자.

○ 의자에 앉아 발을 바닥에 단단히 디딘다. 또는 바닥에 단단한 방석이나 접은 담요를 깔고 다리를 교차시켜 앉는다. 밀착력이 있어서 밀리지 않는 매트를 담요 밑에 깔거나, 깔개나 양탄자에 담요를 두어 담요가 움직이지 않게 한다.

○ 바닥에서 명상한다면, 단단한 방석이나 접은 담요의 앞쪽 모서리에 앉는다. 그러면 엉덩이가 무릎보다 살짝 높아지고, 골반뼈가 자연스레 앞쪽 아래로 기울어진다. 이런 자세가 허리와 무릎을 가지런히 정렬해 주고 긴장을 풀어 준다.

○ 양손은 손바닥을 아래로 향하게 하여 허벅지에 올려놓거나, 펼친 왼손바닥 위에 오른손바닥을 위로 향하게 하여 겹쳐 놓고 엄지손가락 끝을 서로 붙인다.

○ 허리를 쭉 편다. 구부정한 자세는 피한다. 몸이 뻣뻣하지 않게 긴장을 푼다.

○ 어깨를 낮추고, 수평을 유지한다.

○ 턱을 아래로 살짝 당겨 집어넣고 긴장을 푼다.

○ 혀끝을 이 뒤쪽에 닿게 하여 침이 많이 나오는 것을 방지하고 턱의 이완을 돕는다.

○ 눈을 살짝 뜬 채 초점 없는 눈으로 코에서 몇 센티미터 아래쪽을 바라본다. 눈을 뜨고 있어서 산만해진다면, 눈을 감고 시작하여 안정감이 느껴질 때 눈을 뜬다. 졸리면 시선을 높이고, 산만하면 내린다.

연꽃 자세(결가부좌)

반연꽃 자세(반가부좌)

버마 자세(평좌)

의자에 앉은 자세

영웅 자세

누운 자세

대부분의 사람들은 바닥에 앉아서 명상한다. 의자에 앉거나 누워서 명상해도 된다. 이 그림은
전통적인 명상 자세 여섯 가지를 보여 준다.

겠다고 마음먹는다. 또는 지혜로운 마음을 믿고(즉, 편안한 상태로 자신의 경험을 자각하면서) 다른 기대치를 낮춘다. 현재를 받아들이자는 마음가짐을 갖자. 자신의 경험을 표현하거나 해석하려 들지 말고, 경험을 경험 그 자체로 대하도록 한다.

호흡 명상

마음챙김은 대개 호흡 명상부터 시작한다. 닻을 내려 배를 고정하듯, 호흡을 닻 삼아 자신의 모든 관심을 끌어모은다. 이 책에 나오는 많은 명상과 수련법은 세 번 마음챙김 호흡을 하면서 시작한다. 온 정신을 모아서 코와 몸으로 숨을 들이쉬고 내쉬기를 세 번 한다. 다음 명상과 함께 호흡해 보자.

명상하기

간단한 호흡 명상

명상 자세로 앉아, 세 번 마음챙김 호흡을 하며 시작한다.
숨 쉴 때 가슴과 배가 부풀어 오르고 가라앉는 것을 알아차린다.
숨을 쉴 때마다 더욱 긴장을 푼다.
자리에서 깊숙이 가라앉는다고 상상한다.

호흡 명상을 세 번 한 뒤, 자신의 호흡 상태에 가볍게 주의를 기울인다.

집중하는 데 도움이 된다면, 숨을 내쉴 때마다 다음과 같이 센다.

평소처럼 숨을 들이쉬고 내쉰 다음 1을 센다.

또다시 숨을 들이쉬고 내쉬면서 2를 센다.

숨을 내쉴 때마다 숫자를 세면서, 10까지 계속 호흡한다.

그다음에 숨을 내쉴 때마다 1부터 다시 숫자를 센다.

숨쉬기에 정신이 집중되면, 숫자 세기는 그만둔다.

숨을 내쉰 다음 다시 숨을 들이쉬기 전까지, 그 사이에 잠시 정지되는 자연스러운 틈새를 알아차린다.

숨 쉴 때 생기는 틈새마다 근육의 긴장을 푼다.

딴생각이 들기 시작하면, 숨을 내쉬었다가 다시 숨을 들이쉬는 틈새로 정신을 되돌린다.

긴장을 풀고 호흡한다.

집중력을 잃으면, 다시 숨을 내쉬면서 수를 센다.

명상을 끝낼 준비가 되었거나 알람 소리가 들릴 때까지, 이 과정을 반복한다. ○

마음속에서 무슨 일이 일어나는가?

명상을 해 보니 어떤가? 호흡에 정신을 집중할 수 있었는가? 숨을 들이쉬고 내쉬는 사이의 정지 순간에 어떤 기분이 들었는가? 처음으로 명상을 해 봤다면, 호흡한 지 얼마 지나지 않아 온갖 생각으로 집중력이 흐트러졌을 것이다. 생각이란 대개 과거에 일어난 일이나 기억, 또는 앞으로 일어날지도 모를 걱정스러운 일이나 예상에 관한 것이다. 때때로 이런 생각은 물리적 환경에서 들리고 느껴지는 무엇, 예를 들어 큰 소음이나 옆방에서 나누는 대화 등으로 방향을 튼다. 생각은 우리를 지금 이 순간에서 멀어지게 한다. 그러면 우리는 더 깊이 자각하는 경험을 놓친다.

명상을 하려고 자리에 앉았다고 치자. 하지만 조용해지는 순간, 어젯밤에 갔던 콘서트가 생각난다. 즐거운 시간을 보냈던 지난밤 광경이 머릿속에 떠오른다. 아직도 그때 벅차오르던 감동이 느껴지고, 몸이 긴장되어 흔들거린다. 어쩌면 가장 좋아하는 노래 가사가 귓가에 맴돌아 어떤 감정을 불러일으킬지도 모른다. 어느 틈에 호흡에 집중하는 것을 잊는다. 호흡? 무슨 호흡?

반대로, 명상하는 동안 행복하지 않은 생각이 떠오를 수 있다. 친구와 말다툼한 일을 머릿속으로 곱씹고 있을지도 모른다. 다툰 일을 생각만 했는데도 심장이 빨리 뛰고, 두통이 생기거나 배가 아파 오는 등 몸에 반응이 일어난다. 아무것도 안 하고 가만히 앉아 있으면, 이런 나쁜 경험에 집착할 것만 같은 기분이 들

이 그림은 '디아나 무드라(dhyana mudra)'라고 부르는 전통적인 손의 자세이다. 고대 인도 언어인 산스크리트어로 '명상 손 모양'이라는 뜻이다.

고, 몸속에 느껴지는 감각을 견딜 수 없게 될지 모른다.

혹은 명상 자체에 대해 생각할 수도 있다. 예를 들어, 자신이 하는 일에 관해 머릿속으로 실황 방송하는 걸 경험할지 모른다. '이게 명상인가? 내가 옳게 하고 있나? 난 그냥 숨만 쉬고 있는데. 뭔가 다른 일이 일어나야 하는 거 아닌가? 무릎이 아프네. 시간이 얼마나 흘렀으려나. 지루하다.' 흔히 하는 생각들이다. 그저 그런 생각을 했다는 것만 알아차리고, 다시 호흡에 집중하면 된다.

때로는 바깥에서 나는 소음과 냄새에 집중력이 흐트러진다. 명상을 멈추고 소음과 냄새가 뭔지 알고 싶은 생각이 들 수 있다.

또는 어딘가 가려워서 긁고 싶을지 모른다. 얼마나 산만해지기 쉬운지 알아차리기에 좋은 순간들이다. 당장 긁지 말고 가려운 감각을 알아차리거나, 살펴보지 말고 소리나 냄새의 질을 알아차린다. 마음속에서 가려움, 소리, 냄새에 관해 말하기 시작했다는 것을 알아차린다. 이런 일들이 일어나면, 산만이란 명상과 삶에서 정상적인 부분이라는 것을 기억하자.

무슨 일이 일어나고 있는지 풀어 보자. 인간의 정신은 생각한다. 생각은 자연스럽다. 가만히 앉아서 호흡에 집중할 때, 우리는 머릿속에서 일어나는 일과 마주한다. 종종 생각이 자신을 지배한다는 걸 깨달을지 모른다. 생각은 의식의 표면 아래 숨어 있다가, 우리가 특정한 방식으로 느끼고 행동하게 만든다.

명상할 때, 생각은 앞으로, 그리고 한가운데로 나설 것이다. 흔한 일이다. 명상가는 이 사실을 참을성 있게 받아들이고, 생각을 호기심으로 보는 법을 배운다. 생각은 더 깊은 명상의 통로가 될 수 있다.

다음 명상에서는 부드러운 목소리로 생각을 소리 내어 말해 본다. 다른 사람이 엿들을까 봐 걱정하는 마음 없이 어떤 말이든 속삭일 수 있도록 혼자 있을 곳을 찾는다. 또는 이런 수련을 여러 친구와 함께 한다. 모두가 동시에 소리 내 보는 거다. 이번 수련의 핵심은 머릿속에서 펼쳐지는 수다의 정도를 알아차리고 자각하는 데 있다.

생각을 소리 내어 말하기

명상 자세로 앉아, 세 번 마음챙김 호흡을 하며 시작한다.

숨 쉴 때 가슴과 배가 부풀어 오르고 가라앉는 것을 알아차린다.

숨을 쉴 때마다 더욱 긴장을 푼다.

자리에서 깊숙이 가라앉는다고 상상한다.

마음이 안정되었을 때, 생각을 알아차린다.

생각을 구체적으로 떠올리며 주의를 기울인다.

머릿속에 떠오른 모든 생각을 소리 내어 말한다.

생각이 바닥나거나 재잘거리기에 지칠 때까지 계속 말한다.

아무 일도 일어나지 않는다.

지금 숨을 쉬고 생각을 소리 내어 말하고 있다.

생각 말하기를 멈추면, 가만히 앉아 있다.

마칠 준비가 되었거나 알람이 울리면 명상을 끝낸다. ○

나는 내 생각 이상이다

생각을 소리 내어 말하는 게 바보처럼 느껴졌는가? 내가 처음 소리 내어 생각 말하기를 해 봤을 때, 믿을 수 없을 만큼 여러 생각이 빨리 스쳐 지나갔다. 머릿속이 무척 바빴다. 생각 말하기를 멈췄을 때, 나는 침묵이 고마웠다. 어느 명상 지도자가 명상을 '따뜻한 목욕물에 스르르 들어가는 것'에 비유했다. 목욕물로 들어가 긴장을 풀고 "아!" 하고 큰 한숨을 내쉬는 거라고. 마음이 느긋해지는 명상 이미지이지만, 실제 연습 때는 이미지와 다를 수 있다.

잠시 멈춤

세 번 마음챙김 호흡

이 책에서 많은 명상 수련이 '세 번 마음챙김 호흡을 한다.'로 시작한다. 이 말은 숨을 들이쉬고 내쉬기를 세 번 하는 동안 숨을 쉬고 있는 사실을 느끼라는 뜻이다.

부드럽게 천천히 세 번 호흡하고, 몸에서 그 호흡을 느낀다. 숨은 코로 들이마시도록 한다. 폐에 공기가 차고 가슴과 배가 팽창하는 것을 자각한다. 코나 입으로 숨을 내쉴 때도 숨결을 자각한다. 숨을 내쉴 때마다 가슴과 배가 수축되는 것을 인지한다.

세 번 마음챙김 호흡의 핵심은 숨쉬기에 정신을 집중하고 계속 알아차리는 데 있다. 어떤 명상 수련에서는, 처음에 세 번 마음챙김 호흡을 한 뒤에도 계속해서 호흡과 몸에 집중하게 할 것이다. 호흡에 집중하면 긴장이 풀리고, 주위와 내면을 더 잘 알아차리게 된다.

때때로 명상 시간은 로데오(카우보이가 사나운 말을 타고 올가미 던지기 등의 솜씨를 겨루는 경기)에 더 가깝다. 생각에 맞서 싸우며 올가미를 던지는 식이다. 또는 네 개의 화면을 한 번에 보여 주는 액션 영화처럼 명상이 시작될 수도 있다. 천천히, 머릿속에서 네 개의 화면을 보기 위해 마음을 진정시킬 것이다. 잠시 뒤에는 웃음이 나올지 모른다. "나 좀 봐. 또 생각, 생각, 생각이라니."라고 혼잣말하면서 말이다.

　생각을 지켜보면서 생각과 동일시되지 않을 때, 지혜로운 마음을 경험할지 모른다. 지혜로운 마음은 모든 것과 모든 사람으로 확장되고, 모든 것 그리고 모든 사람과 연결된 느낌을 준다. 이런 깨달음을 제대로 담은 단어가 없어서 설명하기가 어렵다. 지혜로운 마음은 생각을 넘어선 자각, 즉 알아차림이다.

꼬리표를 벗어던지라고?

지혜로운 마음을 경험하는 것은 규정된 자아 감각을 버리는 데 도움이 된다. 이게 무슨 말일까?

　규정된 자아 감각이란 사회에서 붙인 꼬리표 또는 정신적 태도로, 자신이 어떤 사람인지 정의한 것이다. 스스로 '이런 사람이어야 한다'고 생각하는 그런 사람이다. 규정된 자아 감각에는 학생, 운동선수, 예술가, 명상가, 친구, 또는 가족 구성원 같은 꼬

명상 자세를 마음속에 그려 보기

명상하는 동안 등과 몸을 똑바로 유지하며 가만히 있으려면, 머릿속으로 자세를 그
려 보는 게 도움이 된다. 아래의 시각화된 자세 중에서 어떤 자세가 자신에게 맞는지
살펴보자.

○ 동전 쌓기 : 꼬리뼈에서 머리 꼭대기까지 동전이 쭉 쌓여서 자신의 척추를 이루
  었다고 상상한다. 명상할 때 그 동전들을 가지런히 하자.

○ 산 : 엉덩이를 산의 맨 밑바닥이라고 상상한다. 땅을 단단히 딛고, 강하고 흔들림
  없이 하늘을 향해 뻗어 나아간다.

○ 꼭두각시 끈 : 꼭두각시처럼 머리 꼭대기에 끈을 달아서 위로 끌어 올린다고 상
  상한다. 골반이 살짝 앞으로 기울어지며, 척추가 쭉 펴진다.

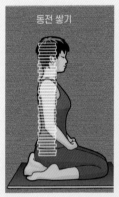

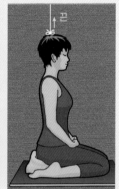

리표와 더불어, 자신이 이런 꼬리표에 덧붙이는 개념과 기대감이 포함된다. 힘든 날에는, 규정된 자아 감각은 가치 없고, 부적격하고, 매력적이지 않다고까지 느껴질 수 있다. 때때로 자신에게 가장 가혹한 비평가는 바로 자기 자신이다. 얼마나 끔찍한가.

규정된 자아 감각에서 벗어나기란 쉽지 않다. 특히 요즘처럼 셀카나 온라인 프로필이 판치는 시대에는 말이다. 그래도 우리는 자유로워질 수 있다. 다음 명상은 규정된 자아 감각에 집착했던 마음을 훌훌 털어 내는 데 도움이 될 것이다.

명상하기

나는 누구인가?

명상 자세로 앉아, 세 번 마음챙김 호흡을 하며 시작한다.
숨 쉴 때 가슴과 배가 부풀어 오르고 가라앉는 것을 알아차린다.
숨을 쉴 때마다 더욱 긴장을 푼다.
자리에서 깊숙이 가라앉는다고 상상한다.

자신에게 주의를 기울인다.
자신이 누구인지 머릿속에 이미지로 떠올린다.
자신이 많은 조각으로 이루어진 조각 퍼즐이라고 상상한다.
각 조각은 스스로 자신에게 붙인 꼬리표 또는 평가다.

자신이 어떻게 그런 꼬리표를 붙이고 그렇게 평가했는지 생각해 본다.

누군가 자신을 별명으로 불렀는데, 그대로 꼬리표가 되었나?

어느 집단에 어울리도록 특정한 방식으로 자신을 정의했나?

누군가 자신이 자랑스러워하는 장점을 끄집어내 주었나?

이렇게 많은 조각으로 구성된 퍼즐이 되는 건 어떤 기분인가?

퍼즐의 조각이 떨어져 나가고 흩어진다고 상상한다.

지금 나는 어디에 있을까? 지금 나는 누구일까?

자신의 조각들이 있던 빈 공간에 숨을 불어넣는다.

빈 공간들을 연결한다.

조용히 숨을 쉬며, 그곳에서 휴식한다.

퍼즐 조각들을 다시 맞출지, 조각 자리를 비워 둘지를 선택한다.

어느 조각을 간직하고, 어느 조각을 버리고 싶은가?

이제 선택할 수 있다.

자신에게 시간을 준다.

준비되었을 때, 몸에서 느껴지는 감각으로 다시 주의를 돌린다.

엉덩이가 바닥에 닿아 있는 방식을 알아차린다.

손을 어떻게 쥐고 있는지 주목한다. 긴장된 상태인가, 편안한 상태인가? 손을 펴고 있나, 쥐고 있나?

턱 근육을 알아차린다. 어떤 느낌인가?

다시 한번 깊이 심호흡하고, 모든 근육의 긴장을 푼다.

마칠 준비가 되었거나 타이머가 울리면 명상을 끝낸다. ○

퍼즐 조각에서 '나'를 찾는다

자신의 모습을 들여다보는 명상을 하면, 낮 동안 자신을 어떠하다고 생각했는지 속마음을 알 수 있다. 우리는 때때로 자기도 모르는 사이에, 자신이 좋아하거나 좋아하지 않는 작은 면에 집착한다. 똑똑한 사람, 자신감 넘치는 사람 등 자신이 보여 주고 싶은 모습에 누군가 이의를 제기하면 화가 나거나 방어적이 될 수 있다. 또는 주눅 들거나 말수가 적어질지 모른다. 사람들은 왜 내가 보이고 싶은 대로 나를 보지 않는지 의아해진다. 우리는 자신 또는 다른 사람에게 뭔가를 증명하기 위해서 정신 에너지를 엄청나게 많이 쓴다.

자신에게 집중하면, 다른 누군가와 함께 있을 때조차 마음이 멀리 떠날 수 있다. 예를 들어, 친구가 앞에서 얘기하고 있는데 혼자만의 생각에 빠진 적이 있을 것이다. 어느새 혼자 생각하느라 친구가 하는 말은 하나도 듣지 못했다는 사실을 깨닫는다. 또는 자신이 말할 기회를 기다렸을 수도 있다. 그게 너무 중요한 것

같으니까.

　자기 집중 사고는 나쁜 게 아니다. 자신에게 주의를 기울이지 않으면 언제 배가 고파 음식이 필요한지, 언제 피곤해서 잠을 자야 할지 깨닫지 못할지도 모른다. 자신에게 집중하여 생각하지 않고는 자신이 무엇을 소중히 여기는지, 무엇에서 목적의식을 느끼는지 발견하지 못할 수 있다. 자기 집중 사고는 더 깊은 지혜를 발견하는 훌륭한 도구가 될 수 있다. 생각을 넘어서는 알아차림, 즉 더욱 깊은 지혜야말로 우리의 진정한 힘이다.

3장

복잡한 머릿속
생각 다스리기

경험은 머리로 전달된다. 우리는 뭔가를 보고, 듣고, 손가락으로 만진다. 머릿속에 든 개념이 우리가 보고, 듣고, 만지는 것이 무엇인지 알아보고, 어떤 이름으로 일컬을 수 있는지 돕는다. 이런 개념들은 모두 자신이 말하는 언어, 자신이 받아들인 태도, 자신이 겪은 경험 등 그동안 자신이 배워 온 것에서 비롯되었다.

예를 들어, 학교에 친절하고 든든한 뒷받침이 되어 주는 선생님이 있다면, 대체로 선생님에 관해서는 긍정적인 생각이 발달할 것이다. 반면, 어려운 개념을 빨리 이해하지 못할 때 콕 집어서 굴욕감을 주는 선생님을 만났다면, 선생님에 관해 부정적인 생각이 자리 잡을 것이다. 자신은 너무 무식해서 수업을 들을 수 없다고 생각하며 겁낼지도 모른다. 또는 저항감을 느끼고 선생님이 자신을 잘못 봤다는 걸 증명하기로 다짐할 수도 있다.

날마다 겪는 경험이 생각을 형성한다. 마음챙김으로 자신의 생각을 잘 이해하여 부정적인 생각을 긍정적인 생각으로 바꿀 수 있다.

내 마음속 이야기를 다루려면

마음속에 담긴 이야기들은 여러 감정을 일깨우고, 종종 행동을 결정한다. 이런 이야기는 힘이 강력해서, 때로는 우리가 위대한 일을 하도록 영감을 준다. 그런가 하면 갈등이 가득한 이야기를 마음속에 품고 있으면 부정적인 감정을 불러일으키기도 한다. 허리케인이 다가오고 있다고 상상해 보자. 자신은 겁에 질린 채 집에 갇혀 있다. 비바람으로 전기가 끊기고, 집에 물이 찬다고 가정해 보자. 힘겨운 상황에 초점을 맞추면 자신을 피해자로 볼 수 있다. 심지어 비바람이 그친 뒤에도 자신을 피해자로 여기다 못해 제대로 움직이지 못할 지경이라면, 정신적 고통은 더욱 심해질 수 있다.

이렇게 큰 충격에 보이는 일반적인 반응을 전문가는 '외상 후 스트레스 장애' 또는 흔히 '트라우마'라고 부른다. 이런 장애에 시달리면, 폭풍이 예보되거나 바람이 불 때 불안해질 수 있다. 트라우마에 대처하기 위해, 많은 전문가가 마음속 줄거리를 바꾸기를 제안한다. 예를 들어, 엄청난 허리케인을 겪은 사람은 자신을 허리케인의 피해자가 아니라 그 속에서 살아남은 행운아로 바꿀 수 있다. 또한, 전문가는 재난 상황에서 도움을 주는 사람들이 부정적인 감정과 외상 후 스트레스 장애를 더욱 잘 관리한다는 점에 주목한다. 한 예로, 폭풍 재난 현장에서 자원봉사자로 나서서 수습을 돕거나, 이웃집을 청소해 주거나, 폭풍 때문에 집을 잃은 가족을 위해 성금 모으는 일 등을 하면 고통을 느끼는 자신의 감정에서 벗어나고 힘을 얻을 수 있다.

다음은 자신의 생각을 점검하고 마음속 이야기를 다루는 데 도움을 주는 수련이다. 어떤 방법이 자신에게 영감을 주는지 실험해 보자. 첫 번째는 생각을 멈추게 하는 수련이다. 수련마다 자신이 바라는 만큼 시간을 정한다. 3분 정도로 시작해서 점차 시간을 늘려도 된다.

생각 멈추기

명상 자세로 앉아, 세 번 마음챙김 호흡을 하며 시작한다.

숨 쉴 때 가슴과 배가 부풀어 오르고 가라앉는 것을 알아차린다.

숨을 쉴 때마다 더욱 긴장을 푼다.

자리에서 깊숙이 가라앉는다고 상상한다.

생각을 알아차리고, 스스로 생각을 멈추자고 말한다.

흥얼거리기, 손가락 두드리기, 다리 흔들기 등 생각을 잠재울 만한 모든 일을 한다.

뇌를 잠재우는 데 정신을 집중하자.

생각이 깨끗이 없어질 때까지, 또는 이번 수련은 못 하겠다고 결정할 때까지 이런 상태를 유지한다.

마칠 준비가 되었을 때 명상을 끝낸다. ○

어떻게 되었는가? 생각을 멈출 수 있었는가? 만약 그랬다면, 어떻게 했는가? 필요할 때마다 그 방법을 쓸 수 있는가? 생각이 사라진 경험은 어떠했는가? 생각을 멈출 수 없었다면 마음속에 무슨 일이 일어났는가? 똑같은 생각이 자꾸 맴돌았는가? 혹은 다른 생각이 떠올랐는가? 마음이 작용한 방식을 곰곰이 생각해 보자.

억지로 마음을 굴복시키려고 하면 생각을 멈추기가 더 어렵다. 그런 방법은 오히려 더 많은 생각을 불러일으킨다. 그런 일이 자신에게도 일어났는가? 마음챙김은 생각을 멈추려고 애쓰는 것이 아니다. 생각을 의식하고 경험과 함께 가만히 앉아 있는 것이다. 다음은 생각을 바라보도록 마음을 전환하는 수련이다.

명상하기

생각 바라보기

명상 자세로 앉아, 세 번 마음챙김 호흡을 하며 시작한다.
숨 쉴 때 가슴과 배가 부풀어 오르고 가라앉는 것을 알아차린다.
숨을 쉴 때마다 더욱 긴장을 푼다.
자리에서 깊숙이 가라앉는다고 상상한다.

마음속 생각을 알아차린다.
생각을 빛깔이 다양한 거대한 분수라고 상상한다.
생각이 하늘로 솟구쳐 오른다.

긴장을 풀고 아름다운 분수를 구경한다.
어떤 특정 생각에 주의를 기울이거나 반응하지 말고 그저 앉아 있는다.

생각과 생각 사이에 잠깐 정지하는 순간이 느껴지는가?

마칠 준비가 되었을 때 명상을 끝낸다. ○

자신에게 무슨 일이 일어났나? 첫 번째 명상은 두 번째 명상과는 달랐는가? 그랬다면 어떤 점에서 달랐는가?

첫 번째 명상에서는 생각을 멈추려고 애썼다. 두 번째 명상에서는 관찰자의 마음으로, 지혜로운 마음으로, 자신의 생각을 마주 보았다. 두 번째 방법은 생각이 자신의 본질은 아니라는 것을 보여 준다. 생각을 들여다볼 수 있는 더 깊은 무언가가 있기 때문이다. 생각에 반응하지 않고 바라볼 때, 생각에 휘둘리지 않고 생각이 자신을 규정짓는 것을 막을 수 있다.

생각을 대하는 세 번째 방법은 모든 생각을 받아들여 자신에게 전하는 메시지를 탐구하는 것이다.

"자신의 생각을 마주 바라보는 순간, 더 높은 수준의 자각이 활성화됩니다. 그러면 생각을 넘어서는, 더욱 거대한 지성의 영역이 있다는 사실을 깨달을 거예요. 생각이란 지성에서 고작 작은 부분일 뿐이죠. 아름다움, 사랑, 창조성, 기쁨, 내면의 평화 등 진실로 중요한 모든 것은 마음 너머에서 비롯된다는 사실 또한 깨달을 거예요. 자신이 깨어나기 시작한 것이지요."

에크하르트 톨레 영적 지도자·작가

생각 조사하기

명상 자세로 앉아, 세 번 마음챙김 호흡을 하며 시작한다.

숨 쉴 때 가슴과 배가 부풀어 오르고 가라앉는 것을 알아차린다.

숨을 쉴 때마다 더욱 긴장을 푼다.

자리에서 깊숙이 가라앉는다고 상상한다.

호흡을 계속 자각한다.

자신에게 "나는 지금 어떻게 지낼까?" 하고 물어본다.

떠오르는 대답을 알아차린다.

어떤 생각이 떠올랐는가, 몸에서 느껴지는 어떤 감각이 떠올랐는가?

어느 쪽이든 탐구한다.

걱정이 있다면, 이해하기 위해서 깊이 파고든다.

자신에게 물어보자. 왜 지금 이런 걱정이 생겼을까?

걱정에 담긴 더 깊은 메시지가 있을까?

여기에 온 신경을 집중한다.

생각과 함께 강한 신체 감각이 느껴지면, 그것도 탐구한다.

좋은 느낌인가, 나쁜 느낌인가?

여기에 온 신경을 집중한다.

강한 기억이 떠오르면, 그 기억을 탐구한다.

왜 지금 그 기억이 떠올랐을까?

답 또는 감각이 떠오르는 대로 가만히 앉아 있어 보자.

명상을 끝내기 전에, 세 번 더 마음챙김 호흡을 한다.

호흡이 몸속에 닻을 내리는 것을 느낀다.

마칠 준비가 되었을 때 명상을 끝낸다. ○

이번 명상은 생각에 온 신경을 집중하여 결국 생각에서 집착을 버리는 데 목적이 있다. 때때로 머릿속 생각을 부정하거나 무시하면, 생각은 더 크게 비명을 질러 댄다. 우리가 "알았어. 도대체 어쩌라는 건데?" 하고 말할 때까지. 이렇게 생각에 관심을 기울이면서, 무슨 중요한 일이 일어났는지를 보고, 무엇을 덮어 두고 있었는지를 깨달을 수 있다.

생각을 다루는 또 다른 방법은 생각에 깊이 파고들지 않고 분류하기다. 이 방법은 고통스럽고 감정이 북받치는 생각들을 탐구할 때 유용하다.

생각 분류하기

명상 자세로 앉아, 세 번 마음챙김 호흡을 하며 시작한다.

숨 쉴 때 가슴과 배가 부풀어 오르고 가라앉는 것을 알아차린다.

숨을 쉴 때마다 더욱 긴장을 푼다.

자리에서 깊숙이 가라앉는다고 상상한다.

호흡을 계속 자각한다.

이번에는 숨을 들이쉴 때마다, "들이쉬기."라고 나직이 말한다.

숨을 내쉴 때마다, "내쉬기."라고 나직이 말한다.

만약 딴생각에 정신이 팔리면, 어떤 종류의 생각인지 조용히 분류한다.

짜증 나는 생각이면, "짜증 나는 생각."이라고 말한다.

슬픈 생각이면, "슬픈 생각."이라고 말한다.

행복한 생각이면, "행복한 생각."이라고 말한다.

그러고 다시 "들이쉬기."와 "내쉬기."로 숨쉬기를 분류한다.

나머지 명상 시간 내내 계속 호흡 또는 생각을 분류한다.

마칠 준비가 되었을 때 명상을 끝낸다. ○

호흡과 생각을 분류하면서, 두 가지 모두 자동적이고 지속적이라는 사실을 깨달을 수 있을 것이다. 건강하게 살아가는 동안, 호흡은 계속될 것이다. 건강하게 살아가는 동안, 생각은 계속될 것이다. 생각과 생각 사이에 조용한 순간을 경험하기도 할 테지만 말이다.

잠시 멈춤

상상 속 생각 가두기

성가신 생각을 제쳐 두고 싶다면, 또는 제쳐 둬야 한다면 시각화하는 방법을 써 보자. 지금 잠들고 싶은데 울적한 생각에 시달린다고 치자. 눈을 감고, 상상으로 그 생각을 찬장에 넣은 뒤 열쇠로 잠근다. 열쇠를 안전한 장소에 있는 고리에 걸어 둔다. 울적한 생각은 밤 동안 안전하게 보관해 두었고, 이제 그 생각에 휘둘리지 않고 자유롭게 잠들 수 있다. 열쇠로 생각을 꺼낼지 말지는 내일 아침에 결정해도 된다. 아침에 열쇠를 가져와 찬장을 열고 그 생각을 꺼내어 다시 검토하거나, 아니면 내다 버릴 수도 있다. 또는 꺼내고 싶은 마음이 들 때까지 찬장에 가만 놔두는 쪽을 선택할 수 있다. 그러다 영영 꺼내지 않거나.

마음속으로 이렇게 해도 잘 안 된다면, 생각을 종이에 적어서 낡은 구두 상자 같은 작은 상자에 보관한다. 이 상자를 '생각 상자'라고 부르자. 그리고 자신을 괴롭히는 생각들은 '생각 상자'에 넣자. 나중에 다시 검토하고 싶을 때마다 꺼내면 된다. 또는 원하지 않는 생각이라고 결정 나면, 버리면 된다.

생각을 분류하면서, 생각도 호흡처럼 자유롭게 흐른다는 걸 깨닫게 된다. 생각은 마음속에 쓱 나타났다가 도로 흘러나간다. 또 생각의 특성도 알아차릴 수 있다. 부정적인 생각이 더 많은 편인가, 긍정적인 생각이 더 많은 편인가?

명상할 때 숨을 들이쉬고 내쉬듯이, 여러 생각이 스쳐 지나가도록 놔두면서 편안한 태도로 대할 수 있는가? 생각이란 하늘에 둥둥 떠가는 구름처럼 왔다 가는 것일까? 아무리 많은 구름이 지나가도 변함없이 제자리를 지키는 하늘, 이것이 바로 지혜로운 마음이다.

나를 힘들게 하는 생각은 진실이 아니야!

비판적이거나 속상한 생각을 다루는 또 다른 방법은 그 생각들에 담긴 진실과 마주하는 것이다. 자신을 괴롭히는 생각에서부터 시작하자. 예를 들어, 뭔가 새로운 것을 배울 때 "난 너무 부족해."라거나 "이건 난 못 해."라고 생각할 수 있다.

다음 지침이 중요하다. 그런 생각을 믿지 않는 쪽을 선택하는 거다. 나를 힘들게 하는 생각을 진실처럼 받아들이지 말자. 억눌리지 말자. 그냥 자신이 그런 생각을 하고 있다는 것을 알아차리고, 맞서 보자.

생각 바꾸기

명상 자세로 앉아, 세 번 마음챙김 호흡을 하며 시작한다.

숨 쉴 때 가슴과 배가 부풀어 오르고 가라앉는 것을 알아차린다.

숨을 쉴 때마다 더욱 긴장을 푼다.

자리에서 깊숙이 가라앉는다고 상상한다.

머릿속에 맴도는 부정적인 생각 또는 구절을 떠올린다.

그 생각이나 구절을 나직이 또는 큰 소리로 반복해서 말한다.

이때 느껴지는 기분을 알아차린다.

그런 생각 때문에 몸에서 어떤 감각이 느껴지는가?

속이 울렁거리거나 어지러운가?

심장이 뛰거나 근육이 뻣뻣해지는가?

그냥 바라보자.

그런 생각은 그저 머릿속에서 만들어진 것일 뿐이다.

그런 생각에는 실체가 없다.

"지금 하는 생각은 진실이 아니야."라고 자신에게 적극적으로 말한다.

"나는 이 생각을 믿지 않아. 진실이 아니니까."라고 계속 말한다.

그 생각은 자기가 자신에게 말했거나, 남이 자신에게 한 말에서 비롯되었을지 모른다.

그 생각이 어디에서 생겼는지 자신에게 물어본다.

왜 그 생각을 믿기로 했을까?

어떤 심각한 이유로 그 생각을 붙잡고 있는지 자신에게 물어본다.

그 생각을 믿지 않으면 무엇이 변할까?

한때 그 생각이 진실이었다 하더라도, 이젠 흘려보낸다.

입으로 호흡하며, 숨을 끝까지 길게 내보낸다.

생각을 내보낼 때 모든 근육의 긴장을 푼다.

마지막으로, 부정적인 생각을 더 도움이 되는 생각으로 바꾼다.

새로 들인 생각을 나직이 또는 큰 소리로 되풀이하여 말한다.

새로운 생각을 하니 기분이 어떤가?

그 생각을 믿을 수 있는가?

새로운 생각을 받아들이면 무엇이 달라질까?

이번 명상을 마치면서, 이렇게 되새긴다. 나는 내 생각이 아니다.

나는 내 마음을 늘 바꿀 수 있다. ○

수학이 왜 두려웠을까?

매기는 수학 시험을 치르기 전에 끊임없이 두려운 생각을 했다. 시험을 망칠 거라고 계속 자신에게 말하고, 반에서 나쁜 점수를 받을까 봐 걱정했다. 매기는 마음속 깊이 자리 잡은 두려움을 안고 지냈고, 그래서 종종 공포에 떨었다.

마침내 매기는 자신이 공포를 느낀다는 사실을 알아차리고 도움을 청했다. 상담사는 부정적인 생각과 공포를 느끼는 경험을 자세히 살펴보라고 북돋웠다. 매기는 수학을 왜 다른 친구들만큼 빨리 익히지 못하는지부터 질문했다. 매기는 서서히 자신이 친구들과는 다른 방식으로 수학을 배웠고, 수학 과외가 필요하다는 사실을 깨달았다. 매기는 과외를 받았고, 시험을 망칠 거라는 말을 하지 않으면서 스스로 자신을 북돋웠다.

매기는 학기 초에 수학 점수가 'C-'였는데, 학기 말에는 'A-'를 받았다. 생각을 들여다보고, 중요한 뭔가를 잊고 무시했던 것을 알아차리면서, 매기는 수학에 관한 자신의 생각을 바꿀 수 있었고 점수도 올랐다.

골치 아픈 생각을 바꾸는 또 다른 방법은 그러한 생각을 글로 쓰는 연습을 하는 것이다. 낮 동안 했던 부정적인 생각을 계속 확인하고 교체하면서, 이 과정을 강화할 수 있다.

부정적인 생각에 맞서고 교체하기

다음의 질문에 답을 적어 보자.

많은 사람이 자신의 정체성과 외모, 다른 사람이 자신을 어떻게 생각할지를 두고 부정적인 생각에 시달린다. 마음챙김 명상으로 부정적인 감정을 다시 바라보고, 자신을 사랑하는 긍정적인 마음을 받아들일 수 있다.

○ 내가 하는 부정적인 생각은 무엇일까?

○ 그 생각을 하면 어떤 기분이 드나?

○ 왜 그런 기분이 드는 걸까?

○ 왜 그런 생각을 하는 게 내게 중요할까?

○ 내가 믿는 누군가에게 부정적인 생각을 털어놓을 수 있나?

○ 부정적인 생각을 화내지 않고 바라볼 수 있나?

○ 부정적인 생각은 진실이 아닐 가능성이 있나?

○ 그런 생각을 믿지 않는다면 무엇이 달라질까?

○ 그런 생각을 긍정적인 생각으로 바꿀 수 있을까?

○ 부정적인 생각 대신 긍정적인 생각을 믿으면 무엇이 달라질까?

아래 표는 부정적인 생각을 바꾸는 예시다. 목록에서 다른 예를 덧붙여도 된다.

부정적인 생각	긍정적인 생각
난 ~만큼 멋지게 생기지 않았어.	나는 하나뿐이야. 나는 특별해.
이 일 때문에 불안해.	나는 내 감정에 책임이 있어.
다들 나를 이상한 애로 생각해.	나는 내 모습 그대로가 편안해.
난 망했어.	나는 실수하면서 배워.
이건 너무 어려워.	나는 도전을 즐겨.
난 이걸 절대 이해하지 못할 거야.	누군가에게 도와달라고 할 수 있어.
진짜 무서워.	나는 용감하고 도전적인 일도 잘 감당해.
쟤들이 싫어.	이해가 안 가는 사람도 잘 알게 될 수 있어.

잠시 멈춤

부정적인 생각이 너무 강할 때

때로는 부정적인 생각이 너무 강하고 끈질길 때가 있다. 그럴 때 부정적인 생각에 집중하는 것은 도움이 되지 않는다. 명상은 부정적인 생각을 다루도록 돕지만, 우울한 생각이나 자해에 관한 생각에 짓눌리는 기분이라면 전문가의 도움을 구한다. 문제를 혼자 해결해 보겠다고 그저 마음챙김 수련만 해서는 안 된다.

누구에게나 유난히 자신을 좌지우지하는 생각이 있다. 때로는 그런 생각들이 감정을 부추겨서 자신을 더 높이 끌어 올리기도 하고, 끌어 내리기도 한다. 마음챙김을 규칙적으로 하면 그러한 생각들을 다스릴 수 있다. 하지만 다스릴 수 없을 만큼 부정적인 생각이 크게 느껴진다면, 믿을 만한 사람에게 얘기하고 도움을 구해야 한다.

4장

붉으락푸르락하는
감정 다스리기

학교에서 복도를 걷고 있는데 누군가가 자신의 머리와 옷을 두고 창피를 줬다고 상상해 보자. 다른 친구들이 자신을 빤히 쳐다보다 키득거리기 시작한다. 얼굴이 붉어지고, 근육은 긴장하고, 토할 것만 같다. 기분이 몹시 나빠지면서 몸을 꼼짝할 수 없고 말문이 막히지만, 그 자리에서 벗어나지도 못한다. 창피해서 죽을 것 같다. 또는 화가 나서 소리를 지르거나 뭔가를 칠수도 있다. 그러면 아마 선생님이 와서 소리치며 혼낼지도 모른다. 선생님에게도 부당한 대우를 당해서 마음에 상처를 입고 몹시 화가 난다.

여러분도 이런 일을 겪은 적이 있는가? 그때 어떤 식으로 감당했는가? 감정적이었는가? 어쩌면 창피를 준 친구와 나중에 한판 붙겠다고 별렀을 수 있다. 또는 남이 자신에 대해 뭐라고 말하고 생각하든 상관없이, 대범하게 그 자리에서 걸어 나가기를 바

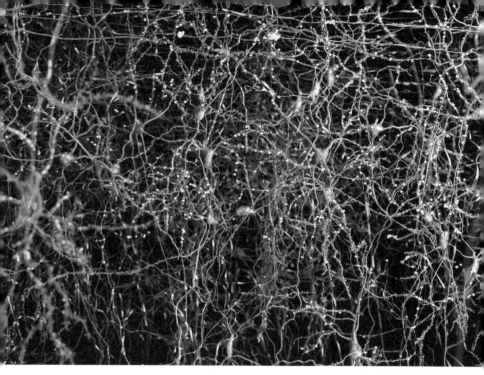

이 컴퓨터 이미지는 셀 수 없이 많은 뉴런(신경 세포)이 인간 뇌 속에서 서로 연결되어 있는 모습이다. 경험은 생각, 태도, 감정, 믿음을 만들어 내면서 뉴런 연결을 강화한다.

랐을 수 있다. 그런 상황에 관해 마음챙김을 하면서 자신의 감정과 반응에 책임을 다할 수 있다.

감정은 내가 만든 것이다!

리사 펠드먼 배럿Lisa Feldman Barrett은 미국 매사추세츠주 보스턴에 있는 노스이스턴대학교의 신경과학자이자 심리학자다. 배럿의 연구로, 우리 뇌가 감정을 구성한다는 사실이 밝혀졌다.

마음챙김으로 갈등 해결하기

사람들은 대부분 자신의 렌즈로 세상을 바라보고 자신에게 집착하면서 큰 고통을 느낀다. 생각과 감정은 자신이 겪는 독특한 경험에서 형성된다. 이러한 생각과 감정으로 자신이 맞닥뜨린 사건을 걸러 내고 자신의 감각으로 삶을 체험하기 때문에 우리는 편견에서 벗어나기가 어렵다.

우리 중 많은 사람이 가족이나 친구가 아닌 이들에게 그들의 경험에 관해 물어보거나 그럴 만한 시간을 거의 갖지 않는다. 만약 우리가 잠시 다른 사람의 처지가 되어 걷고, 그들의 집에 살고, 그들의 도전을 경험할 수 있다면 어떨까?

시야를 넓게 가지지 않는 한, 내가 무엇을 원하든 상대방이 원하는 것과 충돌할 때 종종 갈등을 겪는다. 함부로 예측과 판단을 내리지 않으면, 우리는 서로 주의 깊게 귀를 기울여 갈등을 줄일 수 있다. 이런 태도는 상대방의 관점이나 행동을 이해하는 데 어려움을 겪을 때 도움이 된다. 갈등을 해결하기 위해 주의해야 할 열 단계는 다음과 같다.

1. 멈추기: 충돌이 일어나면 바로 비난을 쏟아 내지 않는다. 시간을 가지고 천천히 숨을 쉰다. 가슴과 배로 공기가 들어오고 나가는 걸 스스로 느껴 본다. 호흡에 집중하면 멈추는 데 도움이 된다.

2. 틈새 찾기: 호흡할 때 숨을 내쉰 끝자락과 다시 들이쉬기 직전의 틈새를 찾는다. 그 틈새의 정지 시간 동안 긴장을 푼다. 호흡 사이의 틈새로 더 깊이 들어가 긴장을 풀면서, 틈새 찾기를 몇 분 동안 지속한다.

3. 몸 살피기: 자신이 경험하는 신체 감각을 자각한다. 주먹을 꽉 쥐고 있는가? 뭔가를 한 대 칠 셈인가? 도망치려고 조바심 내면서 다리 근육을 떨고 있는가? 분노나 좌절 때문에 이를 악물고 있는가? 머리끝부터 발가락 끝까지 모든 근육의 긴장을 알아차린다. 깊이 숨을 들이마시고 내쉬며 팽팽해진 근육의 긴장을 풀어 준다. 긴장감이 느껴지는 곳 어디에든 따뜻한 빛을 보낸다고 상상한다.

4. 내면의 경험 알아차리기: 생각과 감정에 주의를 기울인다. 마음속이 분노로 들끓고 있는가? 마음이 아픈가? 당황스러운가? 어떤 경험이든 자각한다. 생각과 감정에 아무런 반응을 하지 않는 채로 주의를 기울여 보자. 마음을 차분히 가라앉히도록 도와주는 효과적인 방법이다.

5. 참기: 때때로 분노를 받아들이고, 분노에 맞서 싸우지 않는 쪽을 선택할 수 있다. 감정이 너무 격렬해서 살필 겨를이 없을 수도 있다. 이런 상태를 자신과 상대방에게 그대로 내보여도 괜찮다. 곤란한 상황에서 자리를 옮겨도 좋다. 예의 바르게 방에서 나가는 길을 택할 수 있다. 또는 상대방에게 대화를 중단하고 싶고, 다음에 자신이 차분해졌을 때 다시 얘기를 이어 가자고 할 수도 있다.

6. 부정적인 말 피하기: 욕은 조금도 도움이 되지 않는다. 욕하지 말고, 분명하고 공손한 말로 자신의 관점을 설명한다. 동의하진 않더라도, 다른 사람의 관점을 이해하려고 한다.

7. 가정하지 않기: 자기는 옳고 남은 틀리다는 가정은 하지 않는다. 다른 사람이 무엇을 생각하고 느끼는지 자신은 모를 수 있다는 사실을 잊지 않는다. 우리는 상황에 영향을 끼치는 모든 배경을 이해하지 못할 수 있다. 다른 사람의 관점을 진정으로 이해할 수 있도록 열린 질문을 한다. 자신의 관점을 화내지 않고 설명한다.

8. 해결책 찾기: 지금 갈등을 일으킨 문제만 따진다. 다른 문제, 다른 일까지 끄집어내지 않는다. 갈등을 해결하기 위해 한두 가지 방법을 제안한다. 상대방이 제시한 해결책에도 귀를 기울인다. 제안마다 장단점을 차분히 이야기 나눈다.

9. 앞으로 나아가기: 뒤끝 없이 해결점에 닿기 위해 모든 노력을 기울인다.

10. 용서하기: 분노와 원한을 품는 것은 쓸모없는 일이고 아무런 도움도 되지 않는다. 서로에게 상처를 주고 관계에 부담만 안긴다. 자신과 상대방이 서로 다르고 말다툼이나 의견 충돌이 있었던 점을 용서한다. 갈등을 해결하는 방법을 배우면서 인간은 성장한다는 사실을 받아들인다.

배럿은 "자신에게 일어나는 감정은 사실 자신이 만든 것입니다."라고 말한다. 예를 들어, 학교 복도에서 긴장하고 얼어붙은 듯한 기분이 들고 얼굴이 붉어졌다면, 정신이 신체 감각을 수치 또는 분노로 해석했는지도 모른다.

앞에서 상상했던 상황을 다시 떠올려 보자. 누군가한테 창피를 당하여 바짝 긴장하고, 얼어붙고, 얼굴을 붉혔다. 이번에는 자신에게 이렇게 말한다. "와! 누가 나를 놀리니까 내 몸이 진짜로 반응했네. 정말 마음이 아파. 달아나거나 주먹을 휘두르지 말고, 지금의 감각과 감정을 품고 명상을 해 보자."

다음 명상은 자신이 특정 감정으로 해석하는 신체 감각을 인식하는 데 도움을 준다. 지금 여러분이 있는 자리에서 직접 확인해 보자.

명상하기

지금 있는 곳에서 시작하기

지금 어디에 있든지 동작을 멈추고 신체 감각에 집중한다.
눈을 감고 싶으면 눈을 감는다.
또는 눈을 뜬 채 의식을 내면으로 향한다.

호흡을 알아차린다. 호흡이 빠른가? 느린가? 얕은가?

심장 박동을 알아차린다.

배 속 감각을 느낀다.

근육에 긴장된 곳이 있나?

불편하게 느껴지는 것이 있나?

기쁘게 느껴지는 것이 있나?

차분히 숨을 쉬면서, 그런 감각들을 계속 바라보면서 가만히 앉아 있을 수 있는가?

그런 감각들이 어떻게 변하는지 알아차릴 수 있는가?

이제 느껴지는 감정이 있는지 자신에게 물어본다. 그 감정이 무엇이든 받아들인다.

화나는가?

불안한가?

평온한가?

우울한가?

행복한가?

지긋지긋한가?

슬픈가?

자랑스러운가?

들뜬 기분인가?

짜증 나는가?

무서운가?

분한가?

창피한가?

그 밖에 다른 감정이 드는가?

그런 감정이라는 걸 어떻게 아는가?

신체 감각으로?

생각으로?

자신이 느끼는 감정을 잘 기억하고, 그런 감정인 줄 어떻게 아는 지 자신에게 물어보자.

어떤 감정이든 있는 그대로 받아들이고, 판단하지 않는다. 그저 지금 자신이 경험하는 감정일 뿐이다. ○

위와 같은 명상을 해도 무엇을 느끼고 있는지 알아낼 수 없 다면, 아마 혼자가 아닐 것이다. 때때로 우리는 막연한 불안감을 안고 돌아다닌다. 자기도 모르게 투덜거리거나 슬퍼하거나 짜증 을 낼지 모른다. 이런 일이 일어나고 있는 한 가지 단서는, 사람 들이 계속 무슨 문제가 있냐고 물어본다는 것이다. 자신은 진짜 문제가 뭔지 알 수 없고 말이다. 그때 이런 수련 방법을 활용해야 한다. 속도를 늦추고 감정에 주의를 기울이면, 감정의 정체를 알아내고 잘 다루는 데 도움이 될 것이다. 이런 수련을 많이 할수록, 부정적으로 반응하지 않고도 힘겨운 감정을 더욱 잘 견딜 수 있다. 다음 명상도 해 볼 만하다.

명상하기

감정 관찰하기

명상 자세로 앉아, 세 번 마음챙김 호흡을 하며 시작한다.
숨 쉴 때 가슴과 배가 부풀어 오르고 가라앉는 것을 알아차린다.
숨을 쉴 때마다 더욱 긴장을 푼다.
자리에서 깊숙이 가라앉는다고 상상한다.

잠시 자신을 속이 빈 풍선이라고 상상한다.
속이 텅 비어 있다.
빈 느낌을 알아차린다.
풍선에 숨을 불어넣는다.

자신이 경험하는 감정을 알아차린다.
어떤 사건 또는 어떤 생각이 그 감정을 불러일으켰는가?
그런 감정이 일어난 시점을 아는가?

그런 방식으로 느끼기 시작했을 때 신체 감각은 어떠했는가?

지금도 똑같은 생각과 똑같은 감각을 품고 있는가?

처음 시작되었을 때보다 더 강렬해졌는가, 약해졌는가?

내 감정을, 내가 보살펴야 할 작은 반려동물이라고 상상한다.

동물을 무릎에 올려놓고 앉아 보자.

동물을 다정하게, 가만히 잡고 있다고 상상한다.

자신의 감정인 이 동물을 참을성 있고 조심스레 대한다.

지금 자리에서 감정을 쉬게 한다.

감정을 있는 그대로 받아들이고 판단하지 않는다.

만약 감정이 너무 격하다면, 이쯤에서 명상을 끝낸다.

만약 감정이 진정된다면, 내면의 텅 빈 공간으로 계속 숨을 불어
넣는다.

어느 쪽이든, 마칠 준비가 되었을 때 명상을 끝낸다. ○

자신과 자신의 감정에게 참을성을 가지고 다정하게 대하는
것은 감정을 스스로 가라앉히는 한 가지 방법이다. 감정을 근거
삼아 내가 어떤 사람인지 규정지을 필요가 없다. 내가 하는 생각
이 나 자신이 아니듯, 감정 또한 내가 아니다.

분노나 슬픔 같은 격렬한 감정 때문에 가만히 앉아 있기 힘

든 때가 있다. 그럴 때는 감정의 '열기'를 붙잡는 수련을 해 보자.

감정의 열기 불잡기

명상 자세로 앉거나, 서 있어도 괜찮다.

세 번 마음챙김 호흡을 한다.

가슴과 배가 부풀어 오르고 가라앉는 것을 알아차린다.

숨을 쉴 때마다 더욱 긴장을 푼다.

자신이 느끼는 강한 감정에 집중한다.

이 감정의 마찰을 손으로 느끼기 위해 양손을 비빈다.

숨을 들이쉬고, 양손을 주먹 쥔다.

손에 감정이 모이도록 주먹을 꽉 쥔다.

숨을 내쉬고, 손바닥을 펴고, 감정의 기운을 풀어 준다.

감정의 공을 잡은 듯이 양손을 앞쪽으로 모은다.

숨을 들이쉬고 양손을 멀어지게 하며, 감정의 공을 팽창시킨다.

숨을 내쉬고 양손을 가까이 모으며, 감정의 공을 수축시킨다.

호흡에 맞춰 양손이 벌어졌다 모아졌다 하는 것을 지켜본다. 여러
번 반복한다.

손을 움직일 때, 양손 안에 감정이 온전히 들어 있다는 것을 자각한다.

명상할 때 감정의 에너지가 변하는가?

편안하기만 하다면 이 명상을 계속한다.

명상이 끝나면, 손을 흔들어 긴장과 남아 있는 감정을 놓아준다. 또는 시원한 물에 손을 씻고, 그 감정이 씻겨 나가는 것을 상상한다. ○

때때로 우리는 감정 때문에 움직이고, 감정 때문에 주저앉는다. 하지만 감정 자체는 문제가 아니다. 감정으로 우리가 무엇을 하느냐가 관건이다. 예를 들어, 학교 복도에서 생긴 부정적인 감정 때문에 주먹을 날릴 수도 있지만, 반대로 왕따 반대 운동이나 학교에서 친구들과 마음챙김 모임을 만드는 등 긍정적인 일을 시작할 수도 있다.

단, 명상이 도움이 되지 않고 혼자서는 감정을 감당하지 못하겠다면, 친구나 선생님, 부모님, 상담사 등 믿을 수 있는 사람을 찾아서 자신의 감정을 공유한다. 감정을 말하는 것은 행복으로 향하는 중요한 하나의 단계일 수 있다.

감정은 통제할 수 있다

감정은 인간이 겪는 경험의 일부이고, 우리의 인식과 태도로부터 감정이 만들어진다. 어떤 일이 일어나면, 우리 몸과 뇌 속 화학 물질이 반응하여 몸에서 감각을 느낀다. 이런 감각들이 상황에 색을 입히고, 우리는 감각에 물든 상황을 인식한다. 우리는 감각

내 감정을 가만 들여다보니

"나는 화날 때가 많은데, 슬픔을 감추려는 감정일 뿐이에요. 오랫동안 화나 있다가, 문득 깨달아요. 그냥 슬퍼하는 거라고요. 그러면 무엇 때문에 슬픈지 생각해야 해요. 그래서 나는 진짜 오랫동안 그 속에 앉아 있어요. 슬픔은 자주 거세게 밀려들어, 할 수 있는 건 슬퍼하는 일밖에 없어요."

"바다에 가 본 적이 있다면, 파도 속에 갇혀서 몸 위로 물이 흘러가는 것을 느낀 적이 있다면, 그게 바로 불안이에요. 그 안에 갇힌 채, 파도가 몸을 덮치는 것 같은 느낌이죠."

그레이스 P. 고등학생

"화나면 되도록 진상 부리지 않으려고 애써요. 다른 사람에게 상처 주기 싫으니까요. 저는 다른 사람들에게 관심을 기울여요. 누군가 마음 아파하면 내가 위로해 줄 거예요. 화날 때는 내가 왜 화났는지 상대방에게 말하려고 애써요. 내가 화난 이유를 자세히 설명해요. 그러면 대개 차분해지거든요. 가슴속에서 모두 꺼내 놓으면, 그 자리에 아무것도 안 남으니까요."

발세바 T. 고등학생

을 분노, 두려움, 혐오, 슬픔, 기쁨 등의 감정이라고 해석하며, 감정을 경험하고, 감정에 반응한다. 우리의 반응은 때로는 빠르고, 어떤 때는 늦다. 우리가 속도를 늦추고, 감정을 탐구하고 자각하면, 우리가 경험하는 어떤 감정에도 현명하게 대처할 수 있다.

감정에 휘둘릴 필요가 없다. 감정은 우리가 통제할 수 있다.

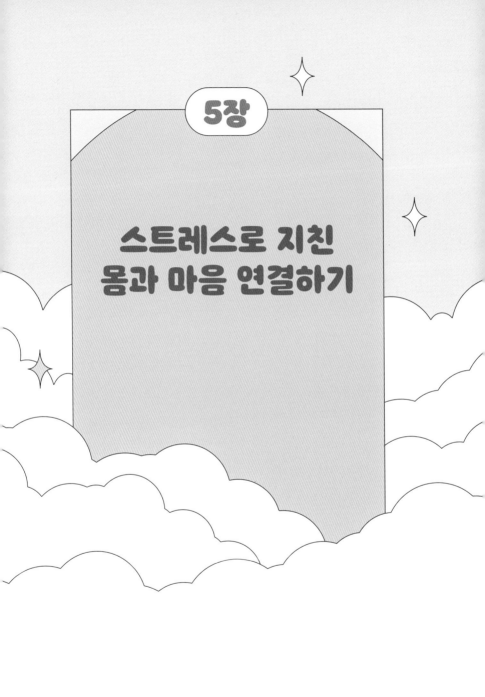

5장

스트레스로 지친
몸과 마음 연결하기

여러분이 이 책을 든 이유는 어쩌면 스트레스를 받았기 때문일지도 모르겠다. 아마 꼭 해야 하는 숙제가 있거나 성적을 올려야 한다는 압박감을 느낄 때 스트레스를 받을 것이다. 학교 공부 때문에 너무 스트레스를 받아서 공부를 차일피일 미루거나, 아예 하지 않을 수도 있다. 그러면 어떻게 될지 본인도 잘 알면서 말이다!

어떤 사람은 학교에 대한 압박감으로 공황 발작을 일으킨다. 공황 발작이 일어나면 심장이 빠르게 뛰고 호흡도 가빠진다. 마치 자신이 위험에 빠진 듯이 느껴지고, 마음속 공포에만 정신이 쏠린다. 숨쉬기가 힘들고, 눈앞이 흐릿해진다. 그런가 하면 어떤 사람은 가벼운 두통, 메스꺼움, 몸 떨림, 가슴 조임, 몸이 뜨거워지거나 차가워지는 느낌, 땀 흘림, 멈출 줄 모르고 끊임없이 떠오르는 생각에 휩싸이는 발작을 겪는다. 이들은 자신이 자제력을 잃거나 기절할까 봐 걱정한다.

　사람들은 보통 자신의 상황을 통제하지 못할 때 스트레스를 받고 불안해한다. 예를 들어, 가정 형편이 어렵거나 부모님이 이

스트레스는 왜 생길까?

"학교 때문에요! 학교하고 관련된 거라면 다요. 상황 자체가 스트레스예요. 종소리도 '이런, 안 돼!' 하는 소리 같아요. 행동 하나하나마다 선생님한테 감시받는 느낌이에요. 나한테 문제가 생기면, 선생님이 다 볼 거예요. 선생님은 알겠죠. 그리고 뭔지 몰라도 불이익을 받을 거예요."

그레이스 P. 고등학생

"'좋은 성적 받아야지!', '성적 좀 올려야지!' 다들 이렇게 말해요. 나는 예술 분야를 지향하는 창의적인 사람이에요. 전 과목에서 좋은 점수를 받을 수는 없다고요. 학교에서 공황 발작을 일으켰는데, 진짜 싫었어요. 머릿속에서 누군가가 나더러 '넌 부족한 사람이야.'라고 말하는 것 같아요. 그냥 계속 공황 상태에 빠져 있었어요."

아르테미스 고등학생

"사람들이 소리 지르는 게 싫어요. 그것 때문에 스트레스를 받아요. 누가 소리 지르기 시작하면 '제발 진정 좀 해.'라고 말해요. 너무 심하니까요. 내 뇌로는 못 견디겠어요. 진짜로 몸이 반응해서 두통까지 생겨요. 사람들이 소리 지르면 심장이 쿵 내려앉는 것 같아요. 남에게 소리를 지르는 건 지나치게 분노를 쏟아 내는 거 아닌가요?"

발세바 T. 고등학생

혼 절차를 밟고 있다면 매일 스트레스를 받을 수 있다. 인종, 종교, 성별, 또는 다른 특성을 이유로 괴롭힘을 당한다면 끊임없이 스트레스를 받을 것이다. 혹은, 자신 또는 자신에게 소중한 누군가의 건강 문제 때문에 마음이 무거울 수 있다. 어떻게 대처해야 할지 도무지 알 수 없다. 이런 현실적인 온갖 문제에 짓눌리다 보면 평온이나 행복을 느낄 틈이 전혀 없을 것만 같다.

스트레스가 다 나쁜 것은 아니다

우리는 스트레스를 보통 부정적인 것으로 여긴다. 그러나 신경학자와 심리학자는 몸과 마음에 좋은 스트레스인 유스트레스eustress와 나쁜 스트레스인 디스트레스distress, 이렇게 두 종류의 스트레스가 있다고 말한다. 우리는 두 종류의 스트레스를 신체 감각을 통해 경험한다.

유스트레스는 신체에 나타나는 짧은 신경 반응으로, 게임을 하거나 공연을 볼 때 신나고 동기 부여를 받는 등 긍정적이고 건강한 스트레스를 말한다. 롤러코스터를 타거나 새로운 스포츠를 시도하거나 퍼즐을 풀 때도 유스트레스를 경험할 수 있다. 유스트레스는 기분을 좋게 해 주는 뇌 화학 물질인 엔도르핀의 분비를 촉진한다. 엔도르핀은 우리에게 에너지를 주고, 집중력을 높이고, 더 훌륭히 실행하도록 돕는다. 우리는 유스트레스를 통해

재미나 만족감을 얻는다. 적
당한 스트레스는 실제로 뇌
에 좋다. 뇌에서 기억력을 관
장하는 곳이 해마인데, 유스
트레스는 해마에서 뉴런(신경
세포)의 성장을 촉진한다.

  하지만 디스트레스는 좋
지 않다. 우리가 겁을 먹거나
마음이 무겁거나 슬플 때, 불
쾌한 신체 감각으로 디스트
레스를 경험한다. 디스트레
스는 두통, 복통, 근육 경련을
일으킬 수 있다. 또한 불안감
과 불면증을 유발할 수 있다.

스트레스가 모두 나쁜 것은 아니다. 예를 들
어, 스포츠 대회에서 경기를 치르기 직전에
들뜬 기분이 느껴지는데, 이것이 유스트레스
다. 유스트레스는 우리가 잘할 수 있도록 자
극을 준다. 반면, 디스트레스는 몸과 마음에
고통을 준다.

어떤 사람들은 너무 화가 나거나 긴장해서 먹지도 못하거나 토한
다. 왜 이런 증상이 나타날까?

스트레스에 몸은 어떻게 반응할까?

신경생물학적 연구에 따르면, 사람들이 위협을 느낄 때 뇌와 몸
은 '투쟁-도피 반응'을 보인다. 다시 말하면, 몸은 위협에 맞서 싸

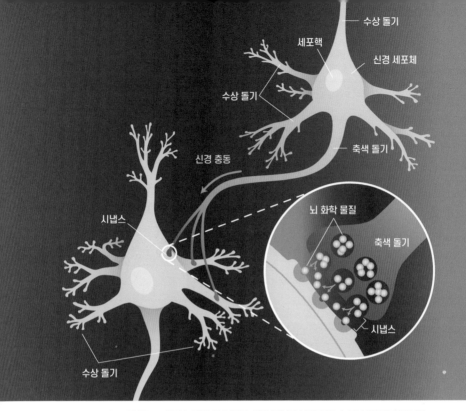

이 그림은 뇌에 있는 뉴런과 뉴런의 주요 구조, 연결 방식을 보여 준다. 뉴런 사이의 공간을 '시냅스'라고 부른다. 도파민과 세로토닌 같은 뇌 화학 물질은 뉴런에서 다음 뉴런으로 시냅스를 건너 이동한다.

우거나 도망칠 준비를 한다. 산길을 오른다고 상상해 보자. 그런데 갑자기 길에서 방울뱀과 딱 맞닥뜨렸다. 심장은 세차게 뛰고 근육은 팽팽히 긴장한다. 위는 울렁거린다. 몸이 싸우거나 도망칠 준비를 하는 것이다.

스트레스 반응은 뇌에서 시작된다. 스트레스를 많이 받는 상황에서(방울뱀을 만났을 때처럼), 특히 눈과 귀를 비롯한 몸의 감각

기관은 정보를 모아서 감정을 처리하는 편도체로 보낸다. 그러면 편도체는 정보를 해석하고 위협을 감지하여 시상 하부에 신호를 보낸다. 이 신호가 몸의 신경계를 조절하는 데 도움을 준다. 시상 하부는 부신을 자극하고, 신장 위에 있는 이 작은 기관은 에피네프린('아드레날린'이라고도 부른다) 호르몬을 혈류로 내보낸다. 이 호르몬은 우리 몸의 기능을 돕는 수많은 화학 물질 중 하나다.

투쟁-도피 반응 상황에서, 에피네프린은 심장을 더 빨리 뛰게 하여 근육과 주요 장기로 혈액을 보낸다. 맥박과 혈압이 올라가며 호흡이 빨라진다. 남는 산소는 뇌로 가면서 경계심을 높인다. 동공을 넓혀서 빛을 더 많이 끌어들여 시야가 좋아지게 한다. 또한 근육을 긴장시켜 몸을 움직일 준비를 하게 한다. 부신은 또 코르티솔 호르몬을 분비한다. 코르티솔은 글리코겐(간과 근육에 저장되는 물질)이 몸에 연료를 공급하는 당분인 포도당으로 분해되도록 자극한다. 이 과정이 몸에 에너지를 준다. 이제 위험을 무릅쓰고 싸우거나, 안전을 위해 도망칠 준비가 되었다.

투쟁-도피 반응은 인간에게 중요한 생존 메커니즘이다. 인간이 야생에서 작은 종족으로 살면서 동물과 싸우고 폭풍우를 피해 피난처를 찾아 달리던 선사 시대에 도움이 되었다. 이런 반응은 우리가 위험에 빠졌을 때 여전히 도움이 된다. 부엌에서 화재가 나면 불을 끄기 위해 빨리 대응해야 한다. 또는 자전거를 타고 달리는데 강아지가 갑자기 뛰어든다면 재빨리 방향을 틀어야 한다. 이런 대응은 뇌 속에서 매우 빨리 일어나기 때문에 알아차리지 못할 수 있다. 사람들은 종종 자신도 깨닫지 못하는 사이에 반응하고 위험을 모면한다.

방울뱀이 없어도 스트레스를 느낀다면

이러한 자율적 대응의 단점은 방울뱀이 없는데도 때때로 우리 몸이 위협을 느낀다는 것이다. 즉 거짓 경보를 말한다. 시험을 보거나 대중 앞에서 연설하거나 새로운 단체에 가입하는 일반적인 상황에서도 이런 스트레스 반응이 일어날 수 있다. 어떤 사람은 다양한 상황에서 수없이 디스트레스를 느낀다. 이런 사람은 하루 중 스트레스를 받는 시간이 많을 것이다.

스트레스가 만성적으로 나타나면 몸에 해롭다. 우리는 겁을 먹거나 긴장할 때, 때로는 빠르고 얕게 숨을 쉰다. 이렇게 숨을 쉬면 현기증이 일어날 수 있고, 천식을 앓는 사람은 천식 발작을 일으킬 수 있다. 감정적 급성 스트레스가 생기면 심장 박동수가 늘어나, 시간이 흐를수록 심장을 손상시킨다. 신경계가 지속적으로 지나치게 활성화되면, 혈당 수치 또한 높아질 수 있다. 이런 증상은 당뇨병을 앓는 사람에게는 좋지 않다. 게다가 불면증을 일으킬 수도 있다. 만성적 스트레스는 뇌에 변화를 일으켜 학습 능력, 기억력, 기분을 악화시킨다.

이때 마음챙김이 도움이 될 수 있다. 연구에 따르면, 코르티솔을 비롯해 스트레스 호르몬 수치를 낮추는 데에는 마음챙김이 효과가 있다. 긴장을 풀고 만성적인 스트레스를 관리하는 데 마음챙김이 도움을 준다고 설명한다. 대부분의 과학자들은 마음챙김이 뇌와 몸을 어떻게 변화시키는지 완전히 이해하기 위해서 더 많은 연구가 필요하다는 데 동의한다.

스트레스를 어떻게 조절할까?

"평소에 호흡 연습을 해요. 숙제가 많아서 스트레스를 받거든요. 그래서 마음을 진정시키려고 애써요. 때때로 엄마와 요가도 하죠. 심호흡과 명상을 하면 차분해지고, 나 자신에게 집중하는 데 도움이 돼요."

애덤 에이빈 고등학생

"저는 사회 불안 장애가 있어요. 군중 속에 있으면 유체 이탈을 경험하는 것 같아요. 그 자리에서 빠져나가지는 못하고 사람들 위로 내가 붕 떠오르는 느낌 말이에요. 나는 눈을 감고, 소리가 들리지 않게 하려고 해요. 그 자리에 없는 척하려고 애쓰지요. 머릿속으로 노래 부르는 것도 도움이 돼요. 노래 부르는 데만 집중하면, 지금 있는 자리에서 마음이 멀어져요. 머릿속으로 노래를 부르는 것만으로도 주위를 차단하는 효과가 있어요. 그렇게 하면 내가 다시 돌아오는 것 같아요. 이런 방식이 모든 것을 해결해 주진 않지만, 나를 불안하게 한 문제를 생각하지 않을 수 있게 도와줘요."

메이 H. 고등학생

다음 명상은 스트레스를 겪는 동안 나타나는 신체 증상을 관리하는 데 도움이 된다. 어디에 있든지, 스트레스를 느낄 때 이렇게 해 보자.

명상하기

깊은 복식 호흡

동작을 멈추고 호흡에 집중한다.
코로 숨을 깊이 들이마셔서 배로 보낸다.
입으로 힘차게 숨을 내쉬며 모든 공기를 내보낸다.
원한다면 '후우' 하는 소리를 크게 낸다.

몸에 필요한 산소를 공급하면서, 계속해서 깊이 숨을 들이마신다.
숨을 내쉴 준비가 되었을 때, 폐에 신선한 공기를 받아들일 자리를 마련하면서 모든 공기를 힘차게 내쉰다.

준비가 되었을 때, 호흡 속도를 늦춘다.
코로 숨을 들이쉬고 내쉰다.
숨을 쉬며 다섯을 센다. 숨 들이쉬기-둘-셋-넷-다섯.
숨을 참고 다섯을 센다. 숨 참기-둘-셋-넷-다섯.
숨을 내쉬며 여덟까지 센다. 숨 내쉬기-둘-셋-넷-다섯-여섯-일

곱-여덟.

위와 같은 호흡 순서(들이쉬기-참기-내쉬기)로 여섯 번 반복한
다.

천천히 부드럽게 숨을 쉬고, 숫자 세기에 정신을 집중한다.

여섯 번을 다 했거나, 마칠 준비가 되었을 때 명상을 끝낸다. ○

깊은 복식 호흡은 미주 신경도 관여하게 한다. 미주 신경은
뇌줄기(척수와 대뇌 사이에 줄기처럼 연결된 뇌의 부분)에서 시작하
여 배까지 이어지는 신경이다. 여러 기능 중에서도 미주 신경은
몸의 이완 반응을 자극한다. 다음 명상은 복식 호흡에 몸 인식을
더하여, 속상한 생각에서 관심을 돌리고, 몸과 지금 있는 곳에 집
중하게 한다.

스트레스를 받으면……

"오래된 성에는 사슬로 잠그는 문이 있어서, 누군가 문을 잠그고 아무도 드나들지
못하게 해요. 나는 스트레스를 받으면, 그런 문이 무너져 내리는 것처럼 느껴지고
아무것도 할 수가 없어요. 나는 밖에 있고 생각은 안에 있는 기분이에요. 생각에
다가가려고 애쓰는데, 스트레스가 나를 막아서는 것 같아요."

E. 파넬 고등학생

의식(알아차림)

명상 자세로 앉아, 세 번 마음챙김 호흡을 하며 시작한다.

숨 쉴 때 가슴과 배가 부풀어 오르고 가라앉는 것을 알아차린다.

숨을 쉴 때마다 더욱 긴장을 푼다.

자리에서 깊숙이 가라앉는다고 상상한다.

마음챙김 호흡을 하면서, 몸이 주변 공간과 어떻게 접촉하는지 알아차린다.

오른발로 바닥을 세 번 두드린다. 톡, 톡, 톡.

이어서 왼쪽 발로 바닥을 세 번 두드린다. 톡, 톡, 톡.

오른손으로 옆에 있는 표면을 세 번 두드린다. 톡, 톡, 톡.

이제 왼손으로 옆에 있는 표면을 세 번 두드린다. 톡, 톡, 톡.

발로 바닥을, 손으로 옆 표면을 세 번 두드린다.

톡, 톡, 톡.

다음으로 두 손바닥을 서로 마주 대고, 엄지손가락끼리 끝을 세 번 마주친다. 톡, 톡, 톡.

이어서 검지손가락끼리 끝을 세 번 마주친다. 톡, 톡, 톡.

이어서 가운뎃손가락, 약손가락, 새끼손가락끼리 차례대로 끝을 세 번 마주친다.

톡, 톡, 톡.

몸과 주변 공간이 연결되어 있음을 느끼며 마주친다.

이 명상은 하고 싶은 만큼 여러 번 하고, 늘 호흡을 의식하며 숨을 쉰다.

지금 이 순간에 집중하는 데 도움이 된다.

끝내고 싶을 때 명상을 마친다. ○

더욱 긴장을 풀기 위해, 다음처럼 몸 살피기 운동을 해 보자. 누울 수 있는 조용한 장소를 찾는다.

명상하기

몸 살피기

바닥에 깔린 매트나 소파나 침대 위에 눕는다.

되도록 신발과 양말을 벗는다.

베개나 돌돌 만 수건, 또는 요가 블록을 벤다. 아니면, 책에 스웨터나 수건을 얹어 놓고 머리를 벤다.

다리를 쭉 뻗는다. 뒤꿈치를 붙이고, 발끝을 서로 떨어뜨린다.

팔을 양옆에 두고, 몸을 움직여 편안한 자세를 잡는다.

두 눈은 감아도 되고 떠도 된다. 어떻게 하든 긴장을 푸는 데 도움이 되는 쪽으로 한다.

이번 명상의 목적은 몸에서 일어나는 어떤 긴장이든 알아차리는 데 있다.

부드럽게 천천히 세 번 마음챙김 호흡을 하며 시작한다.

이어서 발가락과 발을 알아차린다.

발가락을 꼬물거리거나 발을 잠시 구부린 채로 가만있는다.

발에서 느껴지는 모든 감각을 알아차린다.

여유를 가지고 천천히 종아리로 관심을 옮긴다.

이어서 천천히 무릎, 허벅지, 엉덩이에 집중한다.

부위마다 근육을 꽉 조였다가 풀어 준다.

조이고 푸는 동작은 자신이 어느 부위에 긴장을 유지할 수 있는지 파악하는 데 도움이 된다.

근육을 푼 다음에 다리에 느껴지는 감각을 알아차린다.

천천히 몸통에 주의를 기울인다.

어떤 감각을 알아차리고 있는가? 꽉 조이는 곳이 있는가?

등과 배의 근육을 조였다가 푼다.

이어서 땅속으로 가라앉는 느낌에 집중한다.

긴장을 푼다.

천천히 어깨, 팔, 손으로 관심을 옮긴다.

또다시 근육을 잠시 조였다가 풀어 준다.

팔과 손에 꽉 조여드는 느낌이 드는가?

손가락은 긴장이 풀렸는가?

그다음에 목, 턱, 얼굴, 머리에 주의를 기울인다.

이를 악물고 얼굴 근육을 잠시 꽉 조였다가 풀어 준다.

얼굴 근육을 늘리며 입을 최대한 크게 벌리고, 다시 입을 다문다.

얼굴 근육이 풀릴 때 무엇을 알아차렸는가?

휴식을 취하고, 의식을 온몸으로 보낸다.

머리끝부터 발끝까지 긴장이 풀렸는가?

어디든 조여진 느낌이 든다면, 깊이 호흡하고 그곳에 주의를 기울인다.

그 부위의 근육을 세 번 조였다 풀어 준다.

몸과 마음을 쉬게 하고 기운을 되찾는다.

명상을 마칠 준비가 되었을 때, 손가락과 발가락을 꼼지락거린다.

눈을 감고 있다면, 눈을 뜬다.

팔다리를 쭉 늘려 기지개를 켠다. 하품을 하고 싶으면 한다.

서서히 자신을 둘러싼 방으로 의식을 넓힌다.

일어나기로 했다면, 몸을 옆으로 천천히 돌린 다음에 일어난다.
움직일 때 서두르지 않도록 애쓴다.
낮 또는 밤까지 남은 하루를 보내면서 호흡과 몸에 대한 인식을
지속한다. ○

마음이 불안할 때, 몸이 균형을 잃고 살짝 흔들린다고 느낄
수 있다. 이런 기분을 없애는 가장 좋은 방법은 균형 잡는 운동을
하는 것이다. 다음 수련은 제한 시간이 있으니, 주방용 타이머나
스마트폰 타이머를 사용한다.

명상하기

산 자세

발을 약간 벌리고 선다. 발 앞쪽과 발뒤꿈치에 같은 무게를 둔다.
머리 위로 팔을 올려 어깨너비로 벌리고, 손가락을 쫙 벌린다.
할 수 있다면 이 자세를 2분쯤 유지한다.
이 자세를 하는 동안 배 속 깊이 호흡한다.
하고 싶으면, 숨을 내쉴 때마다 소리를 낸다.
발밑에 주의를 기울인다.

자신을 안전하게 떠받치고 있는 바닥을 느낀다.

2분 뒤에 팔을 내리고 앞뒤로 헐렁헐렁 세 번 흔든다. ○

신경계를 진정시키고 내면의 균형을 찾는 또 다른 방법으로 '아기 자세'라고 하는 요가 자세가 있다.

명상하기
_____

아기 자세

카펫이 깔린 바닥이나 요가 매트가 있는 조용한 곳을 정한다.

바닥에 손과 무릎을 짚고, 엉덩이 너비만큼 무릎을 벌린다.

양쪽 엄지발가락이 서로 닿도록 자세를 바꾼다.

엉덩이와 무릎이 자연스럽게 벌어진다.

손은 어깨 바로 아래에 있어야 한다.

숨을 내쉬고 엉덩이를 바닥으로 내린다.

몸통을 허벅지 사이 또는 허벅지에 올려놓는다.

이마는 카펫이나 요가 매트에 댄다.

두 팔을 앞쪽으로 쭉 펴서, 두 팔이 길어지고 긴장이 풀리도록 유지한다.

손과 손가락으로 카펫이나 매트를 살짝 누른다.

엉덩이가 발뒤꿈치까지 내려가지 않으면, 수건을 돌돌 말아서 엉덩이와 발뒤꿈치 사이에 넣어 받쳐 준다.

아기 자세를 하는 동안, 원한다면 눈을 감고 코를 통해 배까지 숨을 들이마신다.

숨을 내쉬면서, 체중이 손에 실리게 한다.
호흡할 때마다 등이 부드럽게 오르내리는 것에 집중한다.

턱에 긴장을 풀고, 숨을 들이쉬고 내쉴 때 목구멍 뒤쪽에서 숨을 느낀다.

편안하게 느껴지는 동안 이 자세를 취한다.
이 자세를 그만두고 싶을 때, 손을 허벅지까지 천천히 짚어 와서 몸을 세운다. 눈을 감고 있다면 눈을 뜬다.
일어서기 전에 잠시 발뒤꿈치에 엉덩이를 대고 느긋이 앉아 있다가, 호흡을 몇 번 더 부드럽게 하고 수련을 마친다. ○

통증은 어디에서 비롯되었을까?

우리 몸은 감각 신경, 척수, 뇌가 상호 작용하면서 아픔을 느낀다. 몸으로 아픔을 느낄 수 없다면, 뜨거운 난로에 손이 닿아도 떼지 않거나 자신이 언제 다쳤는지도 모를 것이다. 따라서 몸으로 느끼는 아픔은 우리 몸의 조직이 손상을 입었을 때 나타나는 귀중한 반응이라고 할 수 있다.

하지만 몸이 아프면 기분이 나쁘다. 때때로 다른 건 생각할 수 없을 만큼 심하게 아프기도 한다. 통증이 사라지지 않거나 건강이 더욱 나빠질 신호라고 걱정하면서, 통증에 집착할 수 있다. 통증을 걱정하면, 육체적 고통에 감정적 고통까지 더해진다. 그리고 감정적 고통 때문에 신체적으로 더욱 나빠질 수 있다. 육체적 고통과 감정적 고통은 둘 다 뇌에서 같은 부위를 활성화한다. 바로 앞뇌섬엽과 전대상 피질이다. 그래서 때로는 육체적으로 얼마나 아픈지, 감정적으로 얼마나 아픈지, 아니면 둘 다 아픈지 파악하기가 어렵다.

두통 같은 통증이 느껴질 때마다, 이 통증이 몸으로 느끼는 아픔인지 감정적인 고통인지를 구분하기 위해 이 수련을 해 보자. 다만, 이 수련은 몸과 감정을 더욱 잘 알아차리기 위한 것일 뿐이다. 의학적 치료를 대신하지는 않는다.

만약 육체적으로 통증이 매우 심하거나 계속된다면 의사에게 진료를 받아야 한다.

몸이 아픈 걸까, 마음이 아픈 걸까?

매트가 깔린 바닥이나 소파, 또는 침대 위에 눕는다.

되도록 신발과 양말을 벗는다.

베개나 돌돌 만 수건, 요가 블록을 머리에 벤다.

또는 푹신하도록 책 위에 스웨터나 수건을 깔고 벤다.

팔을 양옆에 두고, 몸을 움직여 편안한 자세를 잡는다.

다리를 쭉 뻗는다. 뒤꿈치를 붙이고, 발끝은 서로 떨어뜨린다.

눈을 감거나 뜬다. 긴장을 푸는 데 도움이 되는 쪽으로 한다.

몸에 주의를 기울인다.

몸 살피기를 하며 통증이 없고 느슨하고 긴장하지 않은 부분을 찾는다.

그 부분의 근육은 어떤 느낌인가?

피부는 어떤가? 통증이 없는가?

잠시 통증이 없는 부위에 주의를 기울인다.

통증이 있는 부위로 관심을 옮긴다.

지금 몸에서 느껴지는 감각은 무엇인가?

욱신거리는가, 따끔거리는가, 찔리는 느낌인가, 쑤시는 느낌인가?

피부에서 느껴지는 통증인가, 몸속 깊이 느껴지는 통증인가?

통증이 파도처럼 밀려드는가?

무엇이 통증을 더 심하게, 더 약하게 만드는가?

고통을 대하는 자신의 태도를 알아차린다.

짜증이 나면서 치워 버리고 싶은가?

통증이 있어서 당혹스러운가?

통증 때문에 걱정되거나 억울하다는 느낌인가?

아니면, 통증을 느끼면서도 차분한가?

통증에 관한 생각과 감정을 탐구한다.

통증에 관한 생각 때문에 기분이 더 좋아지는가, 더 나빠지는가?

몸에서 통증을 느끼기 때문에 걱정 또는 분노 같은 강한 감정이
생기는가?

자각하며, 신중히 탐구한다.

온몸으로 주의를 돌린다.

통증이 없는 부위가 또 있는가?

그 부위에 집중하면 어떤 일이 일어나는가?

생각과 감정이 변하는가?

통증 없는 부위에 집중하면서 긴장을 풀 수 있는가?

마음과 호흡의 힘으로 통증을 덜어 낸다.

부드럽게, 고르게 숨을 쉬고, 호흡하면서 긴장을 푼다.

해변이나 조용한 숲, 따뜻한 물이 담긴 욕조 등 아름답고 고요한 곳에 있는 자신을 본다고 상상한다.

또는 잔잔한 비바람이나 해변으로 철썩 부딪쳐 오는 파도를 상상한다.

또는 뭉게구름을 타고 하늘을 둥둥 떠다니고 있다고 상상한다.

마음이 진정되는 기분이라면, 그만두고 싶을 때까지 이 방법으로 휴식한다.

마칠 준비가 되었을 때, 눈을 뜨고 몇 번 가볍게 숨을 들이쉬고 내쉰 다음 명상을 끝낸다.

일어나고 싶을 때, 몸을 옆으로 돌려 천천히 일어난다. ○

이 수련은 스트레스 반응을 차단하고, 감정적인 고통을 줄이는 데 도움이 될 수 있다. 감정적인 고통을 이겨 내거나 흘려보냄으로써 육체적인 고통도 줄어들 것이다.

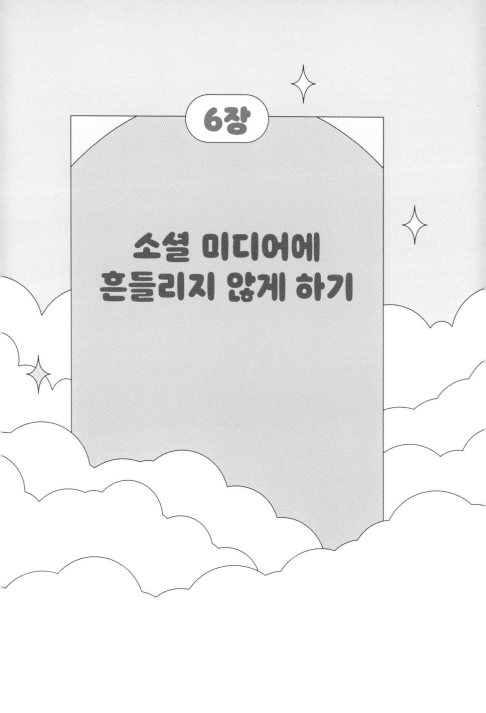

6장

소셜 미디어에
흔들리지 않게 하기

호주머니나 가방에 그것을 넣어 둔다. 그것은 결코 우리에게서 멀어지는 법이 없고, 끊임없이 우리의 관심을 끈다. "날 봐! 날 보라고!" 맞다, 스마트폰 얘기다. 그렇게 조그만 네모 상자가 낮이건 밤이건 어느 때건 소셜 미디어를 시끄럽게 달군다. 스마트폰은 우리에게 친구일까, 적일까?

여론 조사에 따르면, 일부 청소년은 소셜 미디어가 자신의 삶에 긍정적 영향도 부정적 영향도 끼치지 않는다고 응답했다. 소셜 미디어가 모든 면에서 긍정적이라고 생각하는 청소년도 있다. 뉴스를 빨리 접해서 좋고, 온라인 커뮤니티에 참여해서 힘을 얻기 때문이다. 또 친구들과도 쉽게 연결된다. 그 밖에, 몇몇 청소년은 소셜 미디어가 청소년의 삶에 주로 부정적인 영향을 끼친다고 생각한다.

어떤 사람들에게 휴대폰은 큰 방해꾼이다. 숙제를 하거나 직

여러 연구에서 문자 메시지와 소셜 미디어가 불안감과 자기비판으로 이어질 수 있다는 결과를 보여 준다. 디지털 기기와 자신의 관계를 검토하고 고치는 데 마음챙김을 이용해 보자. 소셜 미디어와 문자 메시지 사용을 줄이면서 스트레스를 덜 받는다는 사실을 발견할 것이다.

장에서 중요한 일에 집중해야 하는 순간에는 특히 그렇다. 또, 소셜 미디어를 사용하면서 자신에 대해 부정적으로 생각하는 사람들도 있다. 온라인에 올라온 사진을 보면서 다른 이들과 얼굴이나 몸매를 비교하고, 자신을 별로라고 여기기 때문이다. 사람들이 사진 필터를 사용하고 보정한다는 것을 알아도 부정적인 느낌은 줄어들지 않는다. 또는 온라인 사진에서 친구들 여럿이 함께 있는 모습을 보면 소외감이 느껴진다고도 한다. 어떤 사람들은, 소셜 미디어가 있어서 남을 괴롭히는 사람들이 더 큰 플랫폼을 마련하여 스마트폰이 발명되기 이전보다 소문을 더 빨리 퍼뜨

릴 수 있다고 말한다.

　소셜 미디어는 워낙 휴대성이 좋고, 즉각적이고, 지속적이기 때문에 부정적인 소문과 판단을 키운다. 그리고 전자 기기 때문에 사회적 단절이 일어날 수 있다. 우리는 상대방과 대화하려고 애쓰는데, 상대방은 디지털 생활에 푹 빠져서 스마트폰만 쳐다보고 있을 때 어떤 기분인지 대부분 잘 알 것이다.

10대의 삶은 스마트폰 이전과 이후로 나뉜다

연구원들은 전자 기기가 삶의 행복에 긍정적인 효과와 부정적인 효과를 모두 지닌다고 말한다. 샌디에이고 주립대학교 심리학과 교수인 진 트웬지Jean Twenge에 따르면 "스마트폰이 나온 이래로, 청소년들의 사회적 상호 작용의 본질부터 정신 건강에 이르기까지 10대들의 특성 하나하나가 변화되었어요." 트웬지는 긍정적인 변화도 있고, 부정적인 변화도 있고, 양쪽 모두인 경우도 있다고 말한다.

　트웬지의 연구에 따르면, 21세기 청소년은 이전 세대보다 친구들과 덜 사귀고, 운전도 더 늦게 배우고, 첫 성 경험도 늦고, 방과 후 일할 가능성이 더 낮다. 이러한 지체 현상이 나타나는 이유 중 하나는, 청소년이 밖에 나가서 새로운 활동을 하기보다 집에 머무는 시간이 많기 때문이다. 청소년이 집에 있기를 좋아하면 신체상 더 안전하고 임신 가능성이 줄어들진 몰라도, 이전 세대보다 정신적 고통을 겪을 위험에 더 많이 노출된다는 것이 트웬지의 생각이다. 트웬지는 "우리가 10대들 손에 쥐여 준 전자 기기가 10대들의 삶에 깊은 영향을 미치고, 심각한 불행을 불러온

소셜 미디어의 좋은 점은 무엇일까?

"소셜 미디어에서 가장 좋은 점은 외로울 때 친구들과 진짜 빨리 접속될 수 있다는 점이에요."

비어트리스 E. 고등학생

"나는 웃는 걸 좋아해서 유튜브에서 코미디를 봐요. 많이요. 평소에 수수께끼도 찾아보고요. 그런 걸 다 볼 수 있는 채널이 있더라고요."

발세바 T. 고등학생

"나는 행복한 인용문이나 동기를 부여하는 일처럼 행복감을 주는 걸 찾으려고 해요. 그래서 진짜 재수 없는 날에는 소셜 미디어를 붙잡고 있어요. 강아지가 나와서 웃기는 영상도 보고요. 그러면 기분이 좋아지거든요."

E. 파넬 고등학생

"소셜 미디어가 나를 더 느긋하고 느리게 만들어 주는 것 같아요. 긴장을 풀어 주는 느낌이랄까요. 그래서 휴대폰을 붙잡고 있을 때는 다른 걸 하고 싶은 마음이 별로 안 생겨요."

도미닉 C. 고등학생

다는 확실한 증거가 있다."고 말한다.

중독되었다는 건 어떤 걸까?

어떤 연구자들은 전자 기기도 적절히 사용하면 10대에게 해를 끼치지 않고, 온라인으로 연결되어 있어서 정서적으로 좋을 수 있다고 말한다. 날마다 기기를 쓰긴 하지만 스마트폰에 얽매여 살지 않는 이들에게는 좋은 소식이다. 하지만 하루에 두 시간 이상 소셜 미디어를 이용하는 10대들은 온라인에서 보내는 시간이 적은 사람보다 불안감과 우울감을 느낄 가능성이 더 크다.

영국 왕립보건학회 보고서에 따르면, 사진과 동영상을 주고받을 수 있는 소셜 미디어 플랫폼인 인스타그램과 스냅챗은 10대들의 정신 건강에 가장 나쁜 영향을 끼친다. 10대들이 이러한 플랫폼에서 때때로 디지털과 필터링 작업으로 보정한 다른 사람의 외모를 자신과 비교하고, 자신이 그런 모습에 미치지 못하면 기분 상하는 일이 잦은 것이 한 가지 근거로 꼽힌다. 또 자신이 올린 글에 사람들이 얼마나 반응하는지 다른 이와 비교하고, 댓글이 많이 달리지 않으면 기분이 상하는 경우도 잦다.

심리학자와 정신과 의사는 일부 10대들이 실제로 휴대폰에 중독되었다고 말한다. 중독된 징후로는, 휴대폰을 사용하지 않고는 배기지 못하는 점과 휴대폰을 사용하지 못할 때 느끼는 불안감을 꼽는다. 휴대폰에 중독된 10대는 중독되지 않은 10대보다 우울증, 불안감, 불면증, 충동성(깊이 생각하거나 재고하지 않고 행동하는 것)을 느끼는 정도가 훨씬 더 높다. 연구원들은 또한 휴대폰에 중독된 10대는 뇌가 화학적으로 불균형한 상태임을 알아냈다. '유도 아미노산'이라는 뇌 화학 물질의 양이 적정 수준을 넘어선 것이다. 이 물질이 증가하면 졸음과 불안이 부작용으로 나타난다.

디지털 기기 자각하며 사용하기

어쩌면 소셜 미디어를 사용하면서 긍정적인 효과만 경험한 사람은 "뭐가 그렇게 큰 문제지?"라고 반문할 수도 있다. 하지만 만약 소셜 미디어를 쭉 훑어보고 나서 맥 빠지고, 우울하고, 잠을 못 이룬 적이 있다면, 전자 기기나 소셜 미디어가 자신에게 어떤 영향을 끼친 것이지 탐구하고 싶어질지 모른다. 먼저 다음과 같은 자가 진단을 받은 후에 마음챙김을 해 보자.

소셜 미디어 자가 진단

다음은 자신이 스마트폰과 소셜 미디어에 연결되어 긍정적인지 부정적인지를 판단할 수 있는 진단이다. 답을 다 적은 뒤, 긍정적 반응과 부정적 반응을 각각 센다.

○ 잠에서 깨자마자 스마트폰을 확인하는가?

○ 계속 스마트폰을 확인하고 싶은 충동이 드는가?

○ 하루에 두 시간 이상 소셜 미디어에 접속하는가?

○ 온라인 접속을 하면 기분이 바뀌는가?

○ 개인적인 문제를 잊으려고 소셜 미디어를 이용하는가?

○ 온라인에 접속하여 기분이 바뀐다면, 대개 기분이 더 좋게 바뀌
  는가?

○ 식사 시간에도 기기를 사용하는가?

○ 주위에 일어나는 일을 무시할 만큼 기기에 집중하는가?

○ 소셜 미디어에 몰입하여 숙제나 꼭 해야 할 일을 놓친 적이 있
  는가?

○ 스마트폰이나 전자 기기를 가지고 놀고 싶어서 친구나 가족과
  함께하는 일을 거절한 적 있는가?

○ 소셜 미디어를 보면 다른 사람과 더욱 연결되어 있다고 느끼는
  가?

○ 소셜 미디어에서 이벤트를 만들어 내는가?

○ 창의적이거나 예술과 관련된 일에 스마트폰이나 소셜 미디어
  를 사용하는가?

○ 스포츠, 음악, 연극, 예술, 정치, 과학과 같은 특별한 관심 분야
  에서 정보를 얻기 위해 소셜 미디어를 사용하는가?

○ 필요한 정보를 온라인에서 찾지 못하면 짜증 나는가?

○ 스마트폰의 배터리가 바닥날까 봐 불안한가?

○ 스마트폰을 가지고 있지 않으면 불안한가?

○ 걸으면서 문자를 보내거나 글을 올리는가?

○ 소셜 미디어에 하고 싶은 말을 다 올리는가?

○ 솔직하거나 논란이 될 만한 글을 올리면서 부정적인 반응을 걱정한 적이 있는가?

○ 온라인에서 보이는 이미지에 스트레스를 받는가?

○ 소셜 미디어 피드를 다른 사람의 피드와 비교하는가?

○ 자신이 올린 글에 '좋아요' 또는 리트윗이나 댓글 수에 집중하는가?

○ 소셜 미디어를 본 뒤 자신 또는 자신의 삶이 나쁘게 느껴진 적이 있는가?

○ 소셜 미디어를 계속하고 싶어서 잠을 못 잘 정도인가?

○ 소셜 미디어에 나온 어떤 것을 생각하느라 잠들지 못한 적이 있는가?

만약 부정적 반응이 긍정적 반응보다 더 많다면, 다음과 같은 마음챙김이 도움이 될 수 있다. 하지만 평가 결과가 스마트폰 중독으로 우려된다면, 앞에서 진단한 내용을 가지고 먼저 상담사나 의사와 상의해 보자.

우리가 아무리 스마트 기기를 사랑한다고 해도, 스마트 기기

소셜 미디어를 이용할 때 생기는 단점은?

"휴대폰은 스트레스를 일으키는 요인이 돼요. 인스타그램이나 스냅챗 같은 소셜 미디어에 신경 쓰며 사는 게 진짜 건강에 좋지 않다는 건 알고 있어요. 그래도 가끔 '아, 내가 방금 올린 사진보다 다른 사람이 올린 사진이 더 낫구나.' 또는 '내가 올린 글보다 다른 사람 글에 댓글이 더 많이 달렸네.' 하고 생각할 때가 있어요. 쉬는 시간이 생기면 그냥 생각 없이 스마트폰을 꺼내 인스타그램을 확인하죠. 아침에 일어나서도 재빨리 인스타그램과 스냅챗부터 확인해요. 일어나서 가장 먼저 하는 일이죠." **매기 S.** 고등학생

"마음이 심란해요. 내 주위에서 일어나는 멋진 일들을 모두 놓치고 있어요. 스마트폰으로 책을 읽다가 푹 빠져서, 진짜 멋진 나무를 막 지나쳤다는 사실도 깨닫지 못하겠죠. 또는 인스타그램을 계속 훑어보다가 할머니와 할아버지가 집에 오신 줄도 모를 거예요. 그걸 5분 뒤에서야 깨닫고, '세상에, 난 끔찍한 애야. 할머니, 할아버지가 오신 줄도 모르다니.' 하고 놀라겠죠. 그제야 스마트폰을 침대에 내던지고, 아래층에 내려가서 가족과 함께할 거예요." **엘리자베스 그레이스** 고등학생

"소셜 미디어에서는 너무 호들갑을 떨어요. 학교에 가서 친구들을 직접 만나면 어떻게 대해야 할지 모르겠어요. 스마트폰에서 일어난 일이 진짜인지 확실히 모르니까요. 친구들은 아무 일도 없었던 것처럼 행동할 수도 있고, 계속 일어나고 있는 일인 척할 수도 있죠. 어떻게 생각해야 하는 건지 모르겠어요." **비어트리스 E.** 고등학생

"늘 소셜 미디어에 빠져 있는 친구들과 놀 때는 짜증이 나요. 항상 '그래, 그래, 그래, 나중에 하자.' 이런 식이거든요. 날씨가 좋은 날에는 저는 집 안에 온종일 앉아 있기보다 밖에 나가서 뭔가를 하는 게 더 좋아요." **알렉산더 B.** 고등학생

는 우리의 현재를 방해할 수 있다. 때때로 현재는 지루하고 따분한데 스마트폰을 잡으면 멋진 탈출구로 이어지는 것처럼 느껴진다. 어떤 때는 무심히 습관적으로 스마트폰을 확인하기도 한다. 그런데 소셜 미디어에 끌려 들어가면 다른 사람과, 그리고 나 자신과 더욱 의미 있는 연결을 놓칠지 모른다.

다음 명상은 왜 스마트폰을 자꾸 보는지 생각하는 데 도움이 될 것이다. 스마트폰을 들여다보기 전에 이 명상을 해 보자.

명상하기

스마트폰을 들여다보기 전에

스마트폰을 들고, 세 번 마음챙김 호흡을 한다. 숨 쉴 때 가슴과 배가 부풀어 오르고 가라앉는 것을 알아차린다. 숨을 쉴 때마다 더욱 긴장을 푼다.

동작을 멈추고 "왜 지금 당장 휴대폰을 확인하고 싶은 거지?" 하고 자신에게 묻는다. 1~2초만 기다려도 휴대폰을 확인하고 싶어질 수 있다.

그러면 "내가 뭔가에 집착하고 있나?" 하고 자신에게 물어본다. 휴대폰을 살펴볼 필요가 있는 일인지, 순간적 충동이어서 마음챙김 호흡을 하며 마음을 돌릴 수 있는 일인지 생각한다.

몸 살피기를 한 뒤, "내 몸에서 무엇을 느끼는가?" 하고 물어본다. 만약 강한 감정을 느낀다면, 그 감정에 신체 감각이 묶여 있을 수 있다. 몸에 긴장이 풀리고 차분한 상태인가? 아니면 몸이 무겁고 둔한가? 근육은 단단히 뭉쳐 있나? 다른 신체 감각은 어떠한가? 자신의 감정과 연결되어 있나?

주위를 둘러보고, 흥미롭게 집중할 일을 찾는다. 가장 좋아하는 색깔, 가장 좋아하는 그림, 사랑하는 반려동물도 괜찮다. 30초 동안 자신이 좋아하는 것에 집중해서, 고요함과 행복감을 만든다. 고요함과 행복감은 현재에 집중하고, 자신이 어디에 있는지 알 수 있도록 돕는다. 그래야 가상 세계에서도 자신을 잃지 않는다.

자신에게 물어본다. "지금 내 주위에 있는 사람들한테 무엇이 필요할까?" 휴대폰을 보기보다 도움을 주는 쪽이 더 중요하다는 사실을 알게 될 것이다. ○

이런 명상을 하면서, 휴대폰을 진짜 보고 싶은지, 꼭 볼 필요가 있는지 결정할 수 있다. 만약 휴대폰을 사용하기로 했다면, 나중에 다시 한번 확인해 보자. "전화를 쓰고 나니 지금 기분이 어

문자로 의사소통할 때는 상대방의 표정이나 말투 등 미묘한 사회적 신호를 놓치게 된다. 이모티콘 같은 이미지를 사용하면 도움이 될 수 있다. 그러나 얼굴을 맞댄 생생한 대화를 대신하진 못한다. 친구나 가족과 관계가 더 좋아지도록 휴대폰에서 떨어져 쉬는 시간을 갖는다.

때?"하고 자신에게 물어본다. 휴대폰으로 중요한 일을 해내서 만족스러운가? 친구와 이야기해서 행복한가? 소셜 미디어에서 뭔가 의미 있는 것을 읽었는가? 아니면 불안하고 불행해졌는가? 가끔 또는 규칙적으로 마음챙김을 하면서 자신과 디지털 기기의 관계를 확인해 보자.

다음은 휴대폰과 자신의 연결 상태를 탐구하는 또 다른 명상이다.

휴대폰과의 연결 의식하기

명상 자세로 앉아, 휴대폰을 손에 든다.

전화 상태를 무음으로 설정하고, 화면을 끈다.

세 번 마음챙김 호흡을 하며 시작한다.

숨 쉴 때 가슴과 배가 부풀어 오르고 가라앉는 것을 알아차린다.

숨을 쉴 때마다 더욱 긴장을 푼다.

자리에서 깊숙이 가라앉는다고 상상한다.

손에서 휴대폰의 무게를 느낀다.

아래를 내려다보고 다시 휴대폰을 켜고 싶은 마음이 드는지 살펴본다.

그런 마음이 들지 않으면, 조용한 공간에서 쉰다.

눈을 감고, 주변에서 들려오는 소리를 알아차린다.

휴대폰을 쓰고 싶은 충동이 들 때 자신에게 물어본다. "이런 충동을 일으키는 것은 뭘까?"

신체 감각일까?

생각일까?

감정일까?

감각, 생각, 감정이 변화하는지 살핀다.

감각, 생각, 감정에 호기심을 가진다.

자신에게 물어본다. "휴대폰에 끌린다는 게 재미있지 않아?"

자신에게 물어본다. "이런 충동은 어떻게 시작되었지?"

휴대폰을 꽉 쥐고 감각을 알아차린다.

자신에게 물어본다. "내가 더 행복해지는 데 이런 작은 기기가 도움이 될까?"

그렇지 않다면, 휴대폰을 왜 사용하고 싶은지 되돌아본다.

자신을 바라보는 방식을 바꿔 주나?

휴대폰을 쓰는 방식을 바꿔 보고 싶나?

휴대폰을 자신이 통제하고 싶은가, 휴대폰에 통제받는 상태로 자신을 놔두고 싶은가?

다시 호흡에 집중한다.

눈을 뜨고, 그 자리에 계속 앉아 있는다.

휴대폰을 당장 사용할지 말지 의식적으로 선택한다.

이번 명상을 끝낸 뒤에 무엇이든 자신이 하기로 한 일에 집중한다. ○

하루 또는 일주일에 몇 시간을 따로 마련하여, 휴대폰 같은 기기를 사용하지 않고 얼굴을 맞대고 소통하는 시간으로 삼는다.

휴대폰을 가지고 명상을 하는 것은 자신이 기기를 어떻게 사용하는지 자각하기 위한 방법이다. 휴대폰이나 전자 기기를 언제 사용할지 의식적으로 선택하면 사용 빈도를 줄일 수 있다.

전자 기기를 신중하게 이용하는 또 다른 방법은 휴대폰에서 떨어져서 쉬는 것이다. 예를 들어, 숙제하다가 쉴 때 휴대폰을 확인하는 대신, 자리에서 일어나 기지개를 켜거나 주의를 기울이며 방 안을 잠시 걷는다. 스쿼트나 팔벌려뛰기를 몇 번 하고, 밖에 나가거나 몇 분 동안 창밖으로 고개를 내밀고 맑은 공기를 마신다.

다음과 같은 방법도 있다.

○ 주말에 휴대폰을 멀리하며 쉰다. 휴대폰을 사용하지 않는 시간은 낮이나 저녁에 30분 또는 1시간 정도로 시작한다. 기기를 사용하지 않는 시간을 서서히 늘리면서 몇 주 동안 꾸준히 이어 나간다.

○ 어느 하루를 정해서, 한 시간 동안 휴대폰에서 아무 소리 나지 않도록 모든 알림음을 끈다. 이것이 쉬워지면 몇 시간 더 늘리다가, 온종일 휴대폰 소리가 나지 않도록 해 본다.

○ 어느 하루를 정해서 문자 발송 횟수를 줄인다. 문자 발송 개수를 정한다. 매주 이렇게 꼬박꼬박 하면 문자를 덜 보내는 자신을 발견할지 모른다.

○ 얼굴만 마주 보고 대화하는 날을 정하자. 이날은 문자를 아예 하지 않는다.

잠시 멈춤

스마트폰으로 하는 마음챙김

스마트폰으로 마음챙김을 실천할 수 있는 방법은 많다. 마음챙김이나 명상 앱을 사용하면 호흡 명상이나 시각화 명상을 안내받을 수 있다. 이런 앱은 인터넷에서 쉽게 찾을 수 있다. 온라인에 접속하여 마음챙김 명상을 안내하는 유튜브 영상도 볼 수 있다.

만약 이 가운데 어느 하나를 실천하기로 했다면, 전화를 받지 않아서 걱정하는 일이 없도록 친구와 가족에게 미리 알린다. 비상시에 연락할 방법도 알려 주자.

얼굴을 맞대고? 아니면 화면 뒤에서?

때로는 얼굴을 맞대고 이야기하기보다는 소셜 미디어로 대화하는 쪽이 나을 때도 있다. 메시지 전달은 빠르고, 쉽고, 다른 사람이 엿듣는 일 없이 개인적으로 소통할 수 있다. 어쩌면 쉽게 말하기 어려운 내용이 있고, 또 어떤 정보는 전달할 때에 다른 사람 눈에 띄고 싶지 않을 것이다. 또는 똑같은 내용을 한 사람 한 사람에게 전화하거나 문자를 보내기보다 단체 메시지를 보내는 쪽이 더 간편할 수 있다.

하지만 메시지를 보내며 농담을 했는데, 가끔 상대방이 농담인 줄 모를 때가 있다. 어떤 표정인지, 어떤 말투인지 모르고 상대방의 메시지를 받으면 농담을 모욕으로 오해할 수 있다. 때로는 어떤 말을 했다가 온라인에서 갈등이 폭발하기도 한다. 또는 친구가 보낸 메시지를 읽고 답장하지 않으면, 친구는 무시당했다고 생각하여 상처를 받거나 화를 낼 수 있다. 우리는 대부분 이동 중에도 메시지를 빨리 보내고 싶어 한다. 그러다가, 이를 어쩌나! 오타를 치거나 엉뚱한 사람에게 메시지를 보내기도 한다.

소셜 미디어에서 자신이 나타내고자 하는 것을 제대로 말하고, 자신의 말을 제대로 표현할 수 있는 하나의 방법이 바로 느리게 채팅하기, 혹은 마음챙김으로 채팅하기다. 느리게 채팅하기 위해서 다음과 같은 명상을 해 보자.

명상하기

자각하며 느리게 채팅하기

문자를 받으면 먼저 읽는다. 그러고 나서 답장을 쓰기 전에 잠시 멈춘다.

세 번 마음챙김 호흡을 한다.
숨 쉴 때 가슴과 배가 부풀어 오르고 가라앉는 것을 알아차린다.
숨을 쉴 때마다 더욱 긴장을 푼다.
자리에서 깊숙이 가라앉는다고 상상한다.

자신의 생각과 감정을 확인한다.
답장을 보내기 전에, 이 메시지에 답하는 목적은 무엇인지 자신에게 묻는다.
상대방이 이 메시지를 받는다고 상상한다.
어떻게 반응하기를 바라는가? 상대방이 어떻게 반응할지 정확히

추측하고 있는가?

자신의 의도는 무엇인가?

잠깐 멈춘다.

답장을 쓴다.

멈춘다.

다시 읽는다.

멈춘다.

메시지를 보내는 목적을 다시 떠올린다. 내용을 더 좋게 고칠 수 있다고 생각되는 부분을 수정한다.

메시지를 보낼지, 아니면 삭제할지 결정한다. 메시지를 보내면 서로에게 이롭기는커녕 나쁘다는 걸 깨닫게 될지도 모른다. 그렇다면 삭제하는 것이 슬기롭다. ○

이러한 명상을 많이 하면 할수록, 전자 기기를 잡거나 사용할 때 더욱 의식하게 될 것이다. 전자 기기 통제권은 나에게 있다!

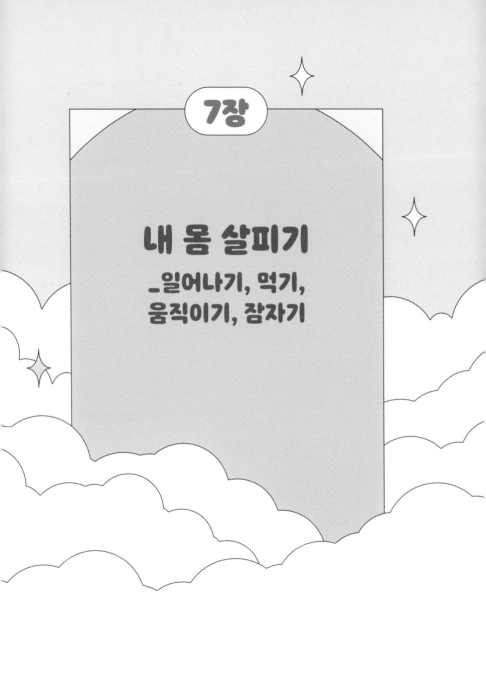

7장

내 몸 살피기
_일어나기, 먹기, 움직이기, 잠자기

어떤 사람들은 마음챙김을 할 시간이 없다고 말한다. 준비된 자리에 앉아서 호흡 명상을 할 시간을 따로 낼 수 없다고 말이다. 하지만 일부러 자리를 마련해 명상 시간을 갖지 않아도, 온종일 주의를 기울일 수 있다. 마음챙김이란 어디에 있든지 알아차림, 즉 자각하는 것이다.

일상에서 마음챙김을 하는 방법은 여러 가지다. 먼저 반복되는 일상과 습관, 그리고 다른 사람과 관계 맺는 방식을 알아차리는 것으로 시작한다.

아침에 열띤 마음으로 하루를 시작하는가, 아니면 눈을 뜨는 순간을 두려워하는가? 사람들을 보면 웃는가? 툴툴거리는가? 말을 먼저 거는가? 사람들에게 어떻게 지냈는지 물어보는가? 날마다 똑같은 음식을 먹거나, 학교나 직장에 갈 때 늘 가던 길로 가는가? 계속 공부하거나 일하면서 무엇을 알아차리는가?

마음챙김으로 하루 열기

어떤 날은 바빠서 정신이 없다. 아침에 일어나서 바로 출발! 그
러고는 밤에 지쳐서 쓰러질 지경까지 온종일 공부하거나 일한다.
자신의 일상이 이 일 끝나면 저 일로 숨 가쁘게 이어지는가? 하
루 중 쉬는 시간이 있는가? 자유 시간이 주어진다면 무엇을 하겠
는가? 스마트폰을 확인할 것인가? 자기 자신을 확인해 보면 어떨
까? 마음챙김으로 하루를 시작하는 방법은 다음과 같다.

명상하기

하루를 시작하기

아침에 일어나서, 세 번 마음챙김 호흡을 한다.

숨 쉴 때 가슴과 배가 부풀어 오르고 가라앉는 것을 알아차린다.

숨을 쉴 때마다 더욱 긴장을 푼다.

오늘 하루를 위해 긍정적인 마음가짐을 갖춘다. 간단히 "문을 열
고 들어갈 때마다 웃어야지." 또는 "부정적인 생각이 들면 이해하
는 쪽으로 마음을 바꿔야지." 정도면 된다. ○

그 밖에도 마음챙김과 함께 다음과 같이 하루를 시작한다.

○ 아침에 일어나서 주위에서 들리는 흥미로운 소리를 세 가지 알

아차린다. 그중 한 가지에 1~2분 동안 집중한다.

그다음 두 번째 소리, 세 번째 소리에 차례로 집중한다.

○ 아침에 일어나서 호흡 명상을 한다. 몇 분 정도로 짧게 시작해서 가능하다면 시간을 늘린다.

○ 방에서 나오면서 냄새를 알아차린다. 좋은 냄새인가? 어떤 기분이 드는가? 나쁜 냄새를 맡았다면, 어떤 기분이 드는가? 마음속에 간직할 좋은 냄새를 찾을 수 있는가?

○ 하루 일정을 시작하고, 기분이 좋아지는 활동을 적어도 하나는 일정에 넣는다.

○ 감사하게 생각하는 세 가지 일 또는 세 사람을 생각하거나 글로 적는다.

○ 영감을 주는 책의 한 구절을 읽는다. 혼자 조용히 읽거나 큰 소리로 읽는다. 또는 한 번은 크게, 한 번은 작게 번갈아 읽는다.

○ 영감을 받은 구절을 쓴다. 그날 하루의 마음가짐에 관한 구절이나 사람들과 어떻게 소통할지, 또는 어떻게 공손하고 사려 깊게 문제를 해결할 수 있을지에 관한 구절로 골라도 좋다.

○ 건강한 아침 식사를 준비해서 먹는다. 자리에 앉아서, 천천히 먹는다. 느릿느릿 먹는 '마음챙김 식사'mindful eating는 소화가 더 잘되고, 성급하게 하루를 보내지 않도록 속도를 조절하고, 음식을 더욱 즐길 수 있도록 돕는다.

○ 아침마다 재미난 글을 읽고 웃는다. 웃음은 행복한 쪽으로 뇌를

되돌린다.

○ 규칙적으로 운동할 시간을 낸다. 10분 동안 스트레칭하기, 동네 한 바퀴 걷기, 학교에 자전거 타고 가기 등으로 정한다.

○ 컴퓨터 사용 제한 시간을 정한다. 전문가들은 대부분 휴대폰이 나 전자 기기 등을 하루 2시간 이상 사용하지 말라고 말한다.

○ 낮 동안 자신의 마음가짐을 되새긴다.

마음챙김 식사

의식을 기울여 식사하기는 마음챙김 연습을 넓혀 나가는 좋은 방법이다. 자신의 상황 그리고 음식과의 관계에 따라, 먹는 것은 기쁨 또는 절망의 근원이 될 수 있다. 어떤 사람은 화나거나 슬프거나 심지어 들뜨거나 행복할 때처럼, 어떤 감정을 느낄 때 먹는다. 그런가 하면 체중을 조절하거나 자기 훈련을 위해서 음식을 거부하는 사람도 있다. 가족이나 친구와 함께 음식 먹는 걸 좋아하는 사람이 있는 반면, 싫어하는 사람도 있다. 만약 과식하거나 지나치게 적게 먹거나 폭식하거나 약으로 속을 비우며 자신의 건강과 기분, 감정을 해치고 있다면, 의사나 상담사를 찾아가 도움을 구한다. 도움의 손길은 주변에 있으며, 우리는 혼자가 아니다.

음식에 대해 어떤 태도를 가지든, 마음챙김으로 좋게 바꿔 갈 수 있다. 마음챙김 식사를 하면, 영양분을 적절히 섭취하고, 음

마음챙김은 시간에 제한을 둘 필요가 없다. 아침부터 잠잘 때까지, 온종일 마음챙김을 수행할 수 있다.

식과 감정의 관계를 이해하는 데 도움이 된다. 또한 먹을 것이 충분하지 않은 사람들, 그리고 식탁에 음식이 올라오기까지 도움을 준 사람들을 더 잘 인식하고 따뜻한 마음을 가질 수 있다. 마음챙김 식사를 하면서, 음식에 들어간 재료를 되새겨 보자. 어디에서 재료를 재배했는지, 누가 키우고 수확했는지, 농장이나 공장에서 식탁까지 오는 데 누가 도움을 줬는지 떠올려 본다.

다음 명상은 마음챙김 식사를 시작하는 데 도움이 된다. 자신과 음식의 관계를 더욱 깊이 알아차리기 위해 자신에게 질문하는 것부터 시작한다.

먹기 전에

나는 배고픈가?

배고픈 정도를 1에서 10 사이의 숫자로 나타낸다면?

배고픔은 어떤 느낌인가?

강렬한 감정 때문에 먹고 있는가?

심심해서 먹고 있는가?

배고프지 않은데도 식사 시간이기 때문에 먹고 있는가? ○

음식과의 관계에 관한 질문을 더 살펴보자. 다음 질문은 음식을 먹으면서 자신에게 물어보자.

먹으면서

먹으면서 무엇에 주의를 기울이는가? 음식인가, 다른 것인가?

영양가 많은 음식을 먹고 있는가?

그렇지 않다면, 지금 이 음식을 왜 먹고 있는가?

음식을 가려 먹으면서 내 몸을 통제하려고 애쓰고 있는가?

나는 혼자이고, 먹는 모습을 숨기고 있는가?

먹으면 기분이 좋아지는가? 왜 그런가, 혹은 왜 그렇지 않은가?

내가 먹는 음식의 색과 향에 주의를 기울이는가?

음식을 꼭꼭 씹어 먹고 있는가, 꿀꺽 삼키고 있는가?

앉아서 먹고 있는가?

먹고 있는 음식에 감사하고 기쁜 마음이 드는가? ○

다음은 먹는 동안 마음을 차분히 가라앉히고 먹는 것에 집중하도록 돕는 명상이다. 건포도 같은 작은 음식 조각을 활용한다.

명상하기

간단한 마음챙김 식사

건포도를 집어서 손바닥에 놓고 살펴본다.

건포도에 있는 주름을 관찰한다.

빛에 비춰서, 색깔을 본다.

눈을 감고, 촉각으로 건포도를 살핀다.

매끄러운가, 거칠거칠한가?

건포도를 귀에 가까이 대고, 손가락으로 굴려 본다.

피부에 닿는 소리가 들리는가?

건포도 냄새를 맡는다.

냄새에 어떤 특징이 있는가?

건포도 냄새를 맡을 때 입에서 침이 돌았는가?

냄새를 맡고 떠오르는 생각이 있는가?

건포도 맛을 좋아하는가, 싫어하는가?

좋아하는 감정이 지금 하는 생각에 영향을 끼치는가?

건포도를 깨물지 말고 혀에 올려놓는다.

입속에서 건포도를 굴리며, 혀끝으로 탐색한다.

건포도를 깨물기 전에 맛을 느껴 본다.

달콤한가? 짠가? 쓴가?

천천히 건포도를 깨물고, 맛에 집중한다.

건포도를 바로 삼키지 않고, 천천히 씹는다.

씹을수록 맛이 달라지는가?

마지막으로, 건포도를 삼키고, 건포도가 목구멍으로 넘어가는 느낌을 알아차린다. 뒤에 어떤 맛이 남는가?

이번 명상을 떠올리면서, 자신에게 물어본다.

건포도를 천천히 씹는 것이 자신에게 어떤 영향을 주었나?

이 명상을 하면서 바보 같다고 느꼈는가?

천천히 씹으면서 지루했는가?

이번 명상을 하면서 어떤 생각이 떠올랐는가? ○

작은 건포도 하나가 얼마나 많은 감각을 불러일으키는지 알아차린다. 건포도는 씹을수록 맛이 달라진다는 사실도 기억하자. 달콤한 맛으로 시작해서 쓴맛으로 바뀌었는가?

마음챙김 식사를 더 해 보고 싶다면, 어느 식사 시간이든 해 보자. 첫 숟갈은 씹을 때 맛과 질감이 어떤지 살피면서, 천천히 의식하며 먹는다. 식사가 끝날 무렵에는 첫 숟갈 때 느꼈던 맛이 그 뒤로 먹었을 때와 어떤 차이가 있는지 생각해 본다. 다음 식사 때 더 주의해서 먹고 싶거나, 다른 음식을 가지고 건포도 명상을 연습하고 싶어질 수도 있다.

마음챙김 움직임

여러분이 운동선수라면, 운동하는 일상에 주의력을 높이도록 하자. 날마다 마음챙김을 실천하는 운동선수는 정신 회복력, 즉 도전과 좌절에 긍정적으로 반응하는 능력이 강해진다는 연구 결과가 있다. 이런 회복력은 몇 시간 동안 이어지는 강도 높은 신체 훈련을 잘 해내도록 돕는다. 그러니 운동하기 전에 마음챙김 호

미세 운동

모든 행동을 마음챙김으로 자각할 수 있다. 바닥에서 무엇을 주울 때 무릎을 구부리는지, 교실 의자에 앉을 때 이를 꽉 무는지, 혹시 이를 가는지 자각한다. 걸을 때 머리를 앞으로 쭉 빼는지, 척추는 똑바른지 자각한다. 그러한 작은 움직임 때문에 근육에 무리가 가고 다치기도 하지만, 근육을 단련하면 몸이 유연해진다.

- 의자에 똑바로 앉아 머리를 앞뒤로 세 번 부드럽게 끄덕인다. 왼손으로 머리 오른쪽 윗부분을 잡고 살짝 늘어나는 느낌이 들 때까지 왼쪽으로 머리를 끌어당긴다. 세게 당기지 않는다. 3초 동안 스트레칭을 유지한다. 이어서 오른손으로 머리 왼쪽 부분을 잡고 오른쪽으로 부드럽게 3초 동안 끌어당긴다.

- 의자에 앉아 몸을 앞으로 숙여 허리를 굽히고, 부드럽게 허리를 쭉 늘린다. 머리, 어깨, 팔은 힘을 빼고 축 늘어뜨린다. 그 상태로 10~20초 동안 자세를 유지한다. 손으로 짚으며 몸을 천천히 일으켜 세운다.

- 양쪽 손바닥을 마주 댄다. 왼쪽 손바닥을 오른쪽으로 밀어서 손목 안쪽을 늘린다. 이어서 같은 방식으로 오른쪽 손바닥을 왼쪽으로 민다. 손바닥은 마주 대고 팔꿈치는 바깥으로 향한 채, 손바닥을 앞으로, 아래로 움직이며 스트레칭한다. 5초 동안 유지한 뒤 손을 바로 한다.

- 매트나 수건 위에 눕는다. 양손으로 무릎 바로 밑 다리를 살며시 잡아 몸통으로 당긴다. 이때 발목을 교차시키고 팔꿈치는 바깥으로 향한다. 허리가 살짝 늘어나는 기분을 느낀다. 깊이 숨을 쉬며 몸의 긴장을 푼다. 편안함이 느껴지면 무릎을 살짝 오른쪽, 왼쪽으로 천천히 움직인다. 무리하게 스트레칭하지 않는다. 충분히 스트레칭한 뒤, 천천히 손을 풀고 다리를 쭉 뻗고 내려놓는다. 몸을 옆으로 돌려서 무릎을 구부린 다음, 천천히 일어난다.

- 앉거나 선 자세에서, 최대한 입을 크게 벌리고 눈을 크게 뜬다. 혀를 쭉 내밀며 얼굴 근육이 스트레칭되는 것을 느낀다. 근육을 풀어 준 다음, 두 번 더 반복한다.

흡과 명상을 하여 주의력을 민감하게 하고 자각 능력을 높인다.

또한 운동하기 전이나 끝난 뒤에 스트레칭할 때 호흡에 집중한다. 마음챙김 스트레칭은 몸에 대해 자각하는 힘과 유연성을 높이고, 운동 경기 중에 다쳤을 때 쉽게 회복할 수 있게 한다.

자각하는 힘을 키우고 주의력을 높이는 또 다른 운동으로 요가가 있다. 자격증을 가진 요가 강사에게 배우는 것이 좋다. 호흡과 함께 몸을 움직일 때, 몸이 살짝 떨리는 느낌이나 근육이 늘어나거나 당겨지는 느낌 등 몸의 미세한 움직임에 주의를 기울인다. 몸을 움직일 때, 자신을 너그럽게 대한다. 요가는 동작으로 하는 마음챙김 명상이다.

만약 스포츠나 요가를 안 하고 사는 사람이라면? 그래도 날마다 자신의 움직임에 마음챙김을 더할 수 있다. 예를 들어, 아침에 침대에서 벌떡 일어나 허둥지둥 하루를 시작하는 대신, 평소보다 1~2분 일찍 일어난다. 몸을 돌리고, 팔다리를 들어 올리고, 발을 바닥에 내디딜 때 동작 하나하나에 주의를 기울인다. 일어설 때 다리 근육이 팽팽해지는 느낌을 알아차린다. 발을 움직일 때 느껴지는 작은 근육을 알아차린다. 하루 중에서 간단하면서도 느린 스트레칭을 하기에 가장 좋은 시간이 될 수 있다.

양치질할 때는? 칫솔을 잡고 있는 신체 감각에 집중한다. 이와 잇몸에 닿는 칫솔모의 느낌을 알아차린다. 입에 물을 머금고 헹구다가 뱉는 과정에서 물을 느낀다.

샤워할 때는? 마음챙김을 실천하기에 훌륭한 시간이다. 씻는 동안 몸의 움직임을 알아차린다. 물줄기가 머리 위로 어떻게 흘러내리는지 계속 의식한다. 부정적인 생각과 감정이 물에 씻겨 하수구로 들어간다고 상상한다.

산책할 때는? 마음챙김 산책은 전통적인 불교 수행법이다. 걸으면서 몸의 움직임에 주의를 기울이거나 발의 작은 근육에 집중한다. 목발을 짚거나 휠체어를 타고 움직인다면, 주위 공간과 접촉하는 방식 또는 목발이나 휠체어 자체가 공간에 접촉하는 방식에 집중한다. 움직일 때 호흡을 알아차린다. 주변을 둘러싼 모든 것을 알아차리며, 시선을 부드럽고 넓어지게 한다. 어떤 생각이 떠오르기 시작하면, 움직임과 팽팽해졌다가 느슨해지는 근육과 호흡에 다시 집중한다.

마음챙김 움직임의 목적은 움직일 때 느끼는 신체 감각에 집중하고, 주변 환경에 대한 인식을 넓히는 데 있다. 그러면 어수선한 '원숭이 마음'에서 벗어나 현재에 몰입하는 데 도움이 된다.

마음챙김 잠자기

잠자기 전 습관은 어떠한가? 잠들 때까지 휴대폰이나 전자 기기를 붙잡고 있는가? 잠자리에 전자 기기를 가져가는가? 밤늦도록 숙제를 하거나 휴대폰을 들여다보느라 다음 날 학교 가야 할 때

잘 일어나지 못하는가? 머릿속에서 계속 생각이 떠올라 잠들기 힘든가? 의사들은 10대에게 매일 8~10시간 잠을 자도록 권한다. 잠자기 전 습관에 마음챙김을 더하면 맑은 정신으로 더욱 깊이 잠드는 데 도움이 될 것이다. 다음 방식을 따라 해 보자.

○ 숙제를 일찍 끝낼 수 있다면, 책 읽기, 보드게임, 카드놀이, 친구 또는 가족과 이야기하기 등 잠들기 전에 할 편안한 저녁 활동을 고른다.

○ 카페인이 든 음료(소다수 또는 커피) 또는 당분이 많은 음식(초콜릿 등)은 오후나 저녁에는 피한다. 카페인 때문에 잠이 오지 않을 수 있다. 초콜릿에도 카페인이 들어 있고, 설탕을 많이 섭취하면 우울증을 일으킬 수 있다.

○ 잠들기 한두 시간 전에는 스마트폰과 노트북 화면은 보지 않는다. 전자 기기에서 나오는 블루라이트는 숙면을 방해한다.

○ 잠들기 한 시간 전에는 주위 조명을 어둡게 한다. 밝은 빛은 졸음에 영향을 주는 호르몬인 멜라토닌 분비를 억제한다.

○ 잠잘 때는 되도록 온도를 낮추거나 신선한 공기가 들어오도록 창문을 살짝 열어서 방 안을 시원하게 한다.

○ 잠자기 한 시간 전에 따뜻한 물로 샤워나 목욕을 한다. 그런 다음 시원한 방으로 나오면 체온이 내려가면서 저절로 잠들 준비가 된다.

연구에 따르면, 몸과 마음이 건강하기 위해서는 잠이 필수다. 숙면하기 위해 잠자리 가까이에 있는 모든 전자 기기를 치운다. 잠자기 전에 책을 읽거나 정신을 맑게 하는 운동을 하여 마음을 차분히 가라앉힌다.

○ 되도록 침실을 어둡게 한다. 커튼을 치거나 블라인드를 내린다. 커튼이나 블라인드가 얇다면, 좀 더 두꺼운 재질을 골라 빛을 차단하여 방이 어두워지게 한다. 눈가리개를 쓰는 것도 좋다.

○ 그래도 잠이 오지 않으면, 이부자리에서 나와서 잠이 올 때까지 조용한 활동을 한다. 단, 스크린은 보지 않는다.

잠자리에 들기 전 일과에 다음과 같은 마음챙김 훈련 가운데 무엇이든 실천해 보자. 잠드는 데 도움이 될 것이다.

양쪽 코 번갈아 호흡하기

명상 자세로 앉는다.

세 번 마음챙김 호흡을 하며 시작한다.

숨 쉴 때 가슴과 배가 부풀어 오르고 가라앉는 것을 알아차린다.

숨을 쉴 때마다 더욱 긴장을 푼다.

자리에서 깊숙이 가라앉는다고 상상한다.

오른손을 쫙 펴고, 검지, 중지, 약지를 접는다.

엄지로 오른쪽 콧구멍을 막는다.

왼쪽 콧구멍으로 천천히 숨을 들이마신 뒤, 4초간 숨을 참는다.

오른쪽 콧구멍을 열고, 오른손 새끼손가락으로 왼쪽 콧구멍을 막는다.

오른쪽 콧구멍으로 숨을 내쉰 다음, 다시 숨을 들이마신다.

4초 동안 숨을 참는다.

다시 오른쪽 콧구멍을 막는다.

왼쪽 콧구멍으로 숨을 내쉬고, 다시 숨을 들이마신다.

이렇게 다섯 번을 더 한다. ○

마음 비우기

잠자고 싶은 곳 어디든 눕는다.

머리 밑에 베개를 조절하여 어깨, 목, 머리를 편안하게 한다.

팔을 양옆에 두고, 몸을 움직여 편안한 자세를 잡는다.

머릿속 생각을 알아차린다.

이런 생각을 판단하지 않고 받아들인다.

생각이 마음속에 회색 연기처럼 있다고 상상한다.

머리 위에 둥글게 빛나는 흰빛이 매달려 있다고 상상한다.

그 빛에 친절함과 이해심이라는 힘을 준다.

둥근 흰빛이 팽창하여 빛줄기가 머리와 몸속으로 흘러드는 광경을 본다.

몸속에 흰빛이 꽉 들어차면서 회색 연기가 코로, 입으로, 귀로 밀려 나온다.

회색 연기였던 생각이 공기 중으로 사라진다.

몸속으로 흘러드는 흰색 빛줄기에 정신을 집중한다.

그 빛이 몰고 온 신선함을 상상한다.

푹 쉬도록 모든 생각을 비웠다고 상상한다.

일정한 호흡 리듬에 맞춰 긴장을 푼다.

오늘 하루는 마쳤다. ○

4-7-8 호흡하기

잠자고 싶은 곳 어디든 눕는다.

머리 밑에 베개를 조절하여 어깨, 목, 머리를 편안하게 한다.

팔을 양옆에 두고, 몸을 움직여 편안한 자세를 잡는다.

혀끝을 앞니 뒤쪽으로 이어지는 입천장에 댄다.

코로 가만히 숨을 들이쉬면서 4까지 숫자를 센다.

숨을 참고 7까지 숫자를 센다.

가볍게 '후우' 소리를 내며 입으로 숨을 내쉬면서 8까지 센다.

이런 과정을 자신이 하고 싶은 만큼 반복한다. ○

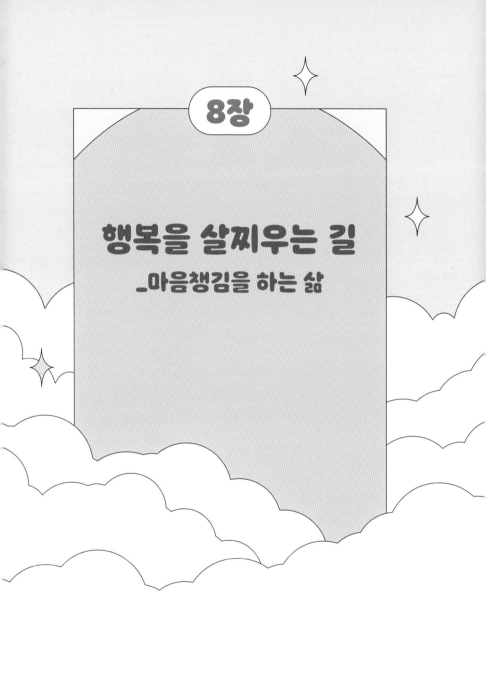

8장

행복을 살찌우는 길
_마음챙김을 하는 삶

프랑스 과학자였으나 승려가 되어 행복한 사람으로 유명해진 마티외 리카르는 행복을 얻기 위해 누구나 마음챙김을 할 수 있다고 믿는다. 그런데 행복은 대체 무엇이고, 어떻게 마음챙김이 행복으로 가는 길을 알려 줄 수 있을까?

많은 사람이 돈, 명성, 성공이라는 조건이 우리를 행복하게 해 줄 거라고 믿는다. 연구에 따르면, 그런 조건들이 행복해지는 데 기여할 수는 있다. 하지만 그런 조건을 다 갖춘 사람도 여전히 불행하다고 느끼기도 한다.

사전에서 '행복'을 찾아보면 '복된 좋은 운수', '생활에서 충분한 만족과 기쁨을 느끼어 흐뭇함. 또는 그러한 상태.'라고 풀이되어 있다. 그렇다면 행복은 마음의 상태일까, 경험일까?

사실 두 가지 다 포함된다. 행복을 연구하는 신경과학자와 심리학자는 한 사람의 행복은 약 50%가 유전적 뇌 화학 반응에

행복에는 아무런 공식이 없다. 하지만 의미 있는 활동과 끈끈한 인간관계, 목표 달성은 모두 행복을 느끼게 한다는 걸 여러 연구에서 보여 준다.

서, 이미 타고난 무언가에서 나온다고 한다. 뇌 화학 물질인 세로토닌, 도파민, 옥시토신, 엔도르핀은 사람이 정서적으로 균형을 잡고 행복하도록 돕는다. 그 말은 유전자 때문에 우리가 지금 느끼는 행복 수준에 얽매여 있다는 뜻인가?

대답은 '아니요'다. 환경과 경험 또한 행복에 주요한 역할을 한다. 과학자들은 유전으로 인한 행복의 50% 외에도, 넉넉한 음식과 안전한 집, 청구서를 해결할 만큼 충분한 돈과 같은 외부 환경에서 행복의 10%를 얻는다고 한다. 나머지 40%의 행복은 각

자가 조절하기 나름이다. 그래서 자신의 태도와 행동으로 행복감을 불러일으킬 수 있다. 바로 이 지점이 마음챙김이 끼어들 자리다. 마음챙김은 자신의 태도를 자각하고 긍정적인 행동을 하도록 도울 수 있다.

행복을 만드는 공식은 없다

사람마다 생각하는 행복은 다르다. 이 사람이 느끼는 행복은 저 사람과 다를 수 있다. 하지만 사람들 대부분이 느끼는 행복에는 좋은 감정과 긍정적인 경험이 포함된다. 진한 우정을 나누거나, 봉사 활동을 하거나, 모임에서 스포츠를 즐기거나, 학교에서 연극 활동을 하는 것이 이런 경험에 속한다. 행복에는 의미 있는 활동에 참여하고, 소중한 사람과 관계를 맺고, 스스로 정한 목표를 달성하는 것이 포함된다.

또한, 행복은 어려움과 도전에서도 얻을 수 있다. 이게 어떻게 가능할까? 미래를 긍정적으로 내다보며 도전하는 사람은 괴로움과 고통을 의미 있는 것으로 바꾼다. 힘든 시기를 겪는 동안 일시적으로 불행해질 수 있지만, 비슷한 어려움을 겪는 사람들을 더 잘 이해하고 더욱 현명해질 수 있다. 그리고 지혜를 갖추고 공감해 주는 자질은 자신의 목적의식과 행복, 인간관계를 이루는 데 도움이 될 것이다.

행복을 위해 몸 준비하기

몸과 마음을 더욱 행복하게 하면, 행복 수준을 높일 수 있다. 아침마다 잠에서 깼을 때, 자신의 하루에 '행복 성분'을 어떻게 첨가할지 생각해 보자. 다음과 같이 시작해 볼 수 있다.

운동하기: 행복을 불러일으키는 성분으로 1위는 바로 운동이다. 운동을 하면 기분, 자신감, 행복 증진과 관련된 노르에피네프린(노르아드레날린), 세로토닌, 도파민을 포함한 뇌 화학 물질이 나온다. 심지어 하루에 30분만 걸어도 우울증 위험을 줄일 수 있다. 그러니 자전거를 타거나, 친구와 걷거나, 스포츠를 즐기자. 요가나 태극권처럼 몸과 호흡을 연결하는 움직임에 초점을 맞춘 운동은 움직이면서 마음챙김을 더하기에 좋은 선택이다.

햇볕 쬐기: 몸에서 세로토닌이 나오게 하는 데에는 밝은 빛, 특히 햇볕을 쬐는 것이 필수다. 세로토닌 수치가 너무 낮으면 짜증 나고, 불안하고, 비사교적인 감정을 느낄 수 있다. 또한 햇빛은 비타민 D를 만들어 낸다. 비타민 D가 부족하면 피로, 근육통, 우울증이 생길 수 있다. 그러니 방에서 나가 햇볕을 쬐자. 단, 햇볕을 오래 쬘 경우에는 잊지 말고 모자를 쓰거나 자외선 차단제를 발라서 피부를 보호한다.

자연을 가까이 하기: 자연 속에 있으면 불안과 괴로움이 줄어들고 주의력과 자각하는 힘이 높아지는 것으로 나타났다. 2015년 미국 스탠퍼드대학교에서 실시한 연구 조사에 따르면, 자연 속에

서 산책한 사람들은 불안과 지나친 고민이 줄어들고, 기억력이 향상되었다. 일본의 과학자들은 자연 속에서 걸으면 얻는 장점을 연구해 왔다. 1990년대 초, 일본 농림수산성 직원들은 '삼림욕'이 라는 신조어를 만들어 냈다. 일본어로는 '신린요쿠'로, 자연에 몰 입하면서 모든 감각을 끌어들여 숲과 숲을 둘러싼 대기와 접촉한 다는 뜻이다. 미국 듀크대학교 통합의학과 의사인 필립 바^{Philip Barr} 는 "일본 의학 연구원들이 삼림욕을 연구해 왔고, 우리 건강에 몇 가지 이점이 있음을 증명했다."고 말한다.

과학자들은 어느 연구에서 도시 보행자와 숲 보행자를 비교 했는데, 숲에서 걷는 사람들은 혈압이 떨어지고 스트레스 호르몬 이 더 많이 감소한 결과가 나왔다. 그러니 숲이나 공원을 산책하 면 어떨까? 도시에 살고 있다면 가까운 자연으로 나들이 계획을 세우자. 아니면 휴대폰을 보지 말고 나무로 둘러싸인 거리에서 마음챙김 걷기를 하자. 자연을 만날 방법이 없다면, 자연이 배경 인 사진을 구해 명상해 보자. 연구 결과에 따르면, 이런 방법으로 도 자연에 있는 것과 비슷한 효과를 볼 수 있다.

영양가 있는 음식 먹기: 행복을 위해 먹고 싶다면, 비타민 수치 를 높이고 몸과 마음을 건강하게 할 음식을 신중히 선택한다. 다 양한 과일과 채소를 먹자. 연구자들은 오트밀, 현미, 통밀빵과 같 은 음식에 들어 있는 복합 탄수화물이 세로토닌 분비를 촉진한 다는 사실을 발견했다. 오메가3 지방산이라는 물질은 기분을 좋

한 연구에 따르면, 자연을 가까이하면 마음을 진정하는 효과를 얻을 수 있다. 어떤 의사들은 우울증과 불안감을 치료하는 방법으로 야외에서 시간을 보낼 것을 권유한다.

게 하고, 집중력과 에너지를 높이며, 불안과 우울증을 줄이는 데 도움을 준다. 달걀뿐 아니라 연어와 참치 등 지방이 풍부한 생선을 먹자. 달걀에는 비타민 D도 들어 있어서 기분이 좋아지게 한다. 학교 식당에서 점심을 먹는다면, 신선한 과일과 채소, 복합 탄수화물, 오메가3 지방산을 메뉴에 더 많이 넣어 달라고 건의하자. 그리고 신선 식품 매장이 멀리 있다면, 집 마당이나 베란다에서 채소를 키워 보자. 어떤 동네는 공동체 정원을 마련하여, 각 가정에 채소 키울 공간을 제공한다.

잠자기: 잠은 행복에 필수적이다. 잠을 충분히 자지 못하면 우울해질 가능성이 크고, 스트레스를 받는 상황에 날카롭게 반응하며, 판단력이 떨어진다. 이유 없이 슬프거나, 깜빡깜빡 잘 잊거나, 머릿속이 뿌옇거나, 굼뜨거나, 짜증 나거나, 툴툴거린다면, 잠이 부족하다는 신호다. 전문가들은 10대가 하루에 8~10시간 자야 한다고 말한다. 10대의 뇌는 아직 성장하는 중이고, 따라서 세포를 유지하거나 치료하고, 신체 기능으로 생긴 작은 분자인 독성 대사 물질을 없애는 데 더 많은 시간이 필요하다. 수면 부족은 복부 지방과 고혈압으로 이어지며, 건강을 해칠 수 있다. 또한 집중력, 기억력, 혈당 수치에도 영향을 끼친다. 잠을 충분히 못 자면 건강과 행복에 좋지 않다.

그런데 밤 11시 전에 잠자리에 들지 못했는데도 다음 날 등교 때문에 아침 7시에 일어나야 한다면? 그날을 잘 보낼 수 있을까? 미국 일부 지역에서는 10대가 이렇게 일찍 학교에 가지 않도록 고등학교 일정을 조정하고 있다. 만약 이런 등교 시간 조정이 이루어지지 않는 지역에 산다면, 주중에 잠을 더 많이 잘 수 있도록 스스로 일정을 조절해 보자. 잠은 규칙적으로 자는 것이 가장 좋다. 2018년 국제 학술지인 〈수면 연구 저널 Journal of Sleep Research〉의 연구에 따르면, 주중에 하루 8~10시간 잘 수 없을 때 주말과 공휴일에 시간을 내어 잠을 보충하면, 수면 부족 때문에 건강이 나빠지는 현상을 줄일 수 있다. 만약 잠을 잘 들지 못하는 문제가 있다면, 명상과 호흡 운동이 더욱 편안하게 잠들 수 있도록 도와줄 것이다.

행복으로 마음 기울이기

행복을 일구는 강력한 도구는 마음이다. 그리고 행동도 행복에 기여한다. 행복을 키우는 데 도움이 되도록, 다음과 같은 몇 가지 방법을 더 제시한다.

명상하기: 명상은 '행복한' 뇌 화학 물질 분비를 증가시킬 수 있다. 엔도르핀과 세로토닌 수치를 높이고, 코르티솔(스트레스 호르몬) 수치를 줄여 차분함과 만족감을 느끼도록 돕는다. 처음에는 짧은 시간 동안 명상하고, 갈수록 시간을 늘려 간다. 신경과학자들은 건강을 위해 명상 시간이 얼마나 필요한지 알아내려고 연구하고 있다. 연구자들은 명상하는 시간보다 빈도와 일관성이 더 중요하다고 말한다. 따라서 날마다 명상하도록 계획을 짜자. 습관을 들이기 위해서 날마다 같은 시간에 명상해 보자.

감사하기: 고마워하는 마음은 행복과 밀접한 관련이 있다. 감사 연습은 간단하다. 할 수 있을 때마다 자신에게 친절을 베풀어 줘서, 곁에 있어 줘서 감사하다고 당사자에게 고마움을 직접 전하자. 자신이 감사하게 여기는 점들을 시간을 들여서 글로 쓴다. 감사 일기를 써도 좋고, 감사하게 느낀 점들을 메모지에 적어서

상자에 보관해도 된다. 가끔 메모를 꺼내 보거나, 메모를 추가해 보자. 또 감사 편지를 써서 고마운 분에게 보낼 수도 있다. 자신이 감사히 여기고, 자신에게 중요한 사람들과 함께한 경험을 떠올리면서 감사하는 마음으로 명상할 수 있다.

사회관계 맺기: 좋은 친구를 사귀고 사회관계를 맺는 것은 행복과 건강 전반에 걸쳐 가장 믿을 만한 예측 변수 중 하나다. 그리고 우정은 양보다 질이 더 중요하다. 사회관계 때문에 더 행복하다는 느낌이 들어야 한다. 예를 들어, 내성적인 사람은 큰 또래 집단보다 가까운 친구 한두 명과 함께 지내는 것이 가장 행복할 수 있다. 시간을 들여서 자신에게 무엇이 중요한지, 우정을 어떻게 쌓을 수 있을지 알아보자. 컴퓨터 코딩 그룹, 코스프레 모임, 독서 모임, 토론 모임, 지역 동물 보호소의 자원봉사 등 어떤 모임을 좋아하는가? 이 중에 어떤 것에도 끌리지 않을 수 있다. 어떤 성격의 사회관계가 자신을 더 행복하게 할지 시간을 가지고 탐색해 보자.

"행복은 다른 모든 것과 마찬가지로 영원하지 않습니다. 행복을 확장하고 연장하기 위해서는 자신의 행복을 살찌우는 방법을 배워야 합니다."

틱낫한 승려·영적 지도자·작가

부정적 성향 버리기: 인간은 부정적인 성향을 가지고 있다. 살면서 부정적인 것에 집착하고 긍정적인 면을 자주 잊는다. 자신의 생각이 진실일까? 뭔가 일이 꼬였던 날을 떠올려 보자. 머릿속에서 뇌가 그 일을 곱씹고 또 곱씹었는가? 아니면 그 일을 잊고 삶에서 더 긍정적인 면에 집중했는가? 이런 부정적인 성향은 마음챙김을 훈련하면서 바꿀 수 있다. 부정적인 것에 자꾸 마음이 쏠릴 때 태도를 바꾸기로 하자. 어떤 것이든 좋아하는 마음챙김 연습을 실천하거나, 행복한 기억을 되새기는 명상 시간을 갖자.

행복한 기억 떠올리기

세 번 마음챙김 호흡을 한다.

숨 쉴 때 가슴과 배가 부풀어 오르고 가라앉는 것을 알아차린다.

숨을 쉴 때마다 더욱 긴장을 푼다.

자리에서 깊숙이 가라앉는다고 상상한다.

정말 행복했던 순간을 떠올린다. 기억 속으로 더 깊이 들어가기 위해 눈을 감는다.

무엇을 하고 있었는가?

이 기억에서 세세한 부분에 집중한다. 어디에 있었고, 누구와 함께였는가? 혼자 고독을 즐기고 있었을 수도 있다. 바깥에 있다면, 무슨 계절이었는가? 어떤 좋은 냄새가 기억나는가? 또 어떤 기분 좋은 감정을 떠올릴 수 있는가?

이 기억을 끄집어내어 누군가에게 들려준다고 상상한다.

이 기억이 주는 좋은 기분에 흠뻑 젖는다.

하루를 계속 이어 가기 전에 이런 기분 좋은 상태에서 잠시 쉰다.

이 명상을 자주 할수록, 마음은 이런 상태에 더욱 빨리 익숙해져서 긍정적인 방향으로 나아갈 것이다. ○

자기 연민은 행복과 밀접한 관련이 있다. 자신에게 지나치게 비판적이라고 느낀다면, 긴장을 풀고 자신을 가장 친한 친구처럼 대한다. 다음 연습을 해 보자.

명상하기

자기 연민 연습

세 번 마음챙김 호흡을 한다.

숨 쉴 때 가슴과 배가 부풀어 오르고 가라앉는 것을 알아차린다.

숨을 쉴 때마다 더욱 긴장을 푼다.

자리에서 깊숙이 가라앉는다고 상상한다.

좋은 친구가 자신에게 고민거리를 가지고 온다고 상상한다. 어쩌면 데이트를 신청해 온 사람을 상대하다가 기분이 상했을지 모른다. 또는 외모나 옷차림이 마음에 안 들었을 수 있다. 이 친구에게 어떤 대답을 해 주겠는가? 마음속으로 자신이 선택한 말과 말투에 귀 기울여 본다. 마음이 내킨다면 글로 적는다.

자신에게 기분 나빴던 때를 생각한다. 어쩌면 친구에게 불친절하게 대했을지 모른다. 시험을 망쳤을 수도 있고, 자기 모습이 마음에 들지 않았을 수도 있다. 자신에게 어떤 말을 하는지, 말투가 쌀쌀맞진 않은지 알아차린다. 그런 말도 글로 적는다.

이제 친한 친구에게 쓴 단어와 자신에게 건넨 단어를 비교한다. 자신에게 더 엄격한가? 그렇다면, 방식은 어떠하고, 이유는 무엇인가? 자신에게 엄격히 대해서 동기 부여가 되는가, 아니면 무능력하고 풀이 죽는 기분을 느끼는가?

자신이 친구를 격려하던 방식 그대로, 가장 친한 친구가 자신을 격려한다고 상상한다. 자신에게 똑같이 긍정적인 목소리로 말한다. 완벽하지 않아도 괜찮다고 자신에게 말한다. 또 자기만의 방식과 사는 방법을 발견하는 것도 좋다. 자신의 외모 때문이 아니라 유머, 친절함, 장난기를 지닌 자신의 존재 때문에 사람들이 자신을 사랑하고 감탄한다는 사실을 되새긴다. 이 사실을 마음속에서 재확인하도록 긍정적이고 상냥한 문장으로 글을 쓴다.

자신은 멋지고, 있는 그대로 중요한 존재라는 사실을 되새긴다. 어느 때고 비판적인 목소리가 마음속에서 들리면, 연민을 가지고 부드럽게 대응한다. ○

친절한 행동은 나를 행복하게 한다

어떤 사람은 친절을 베푸는 행동은 받는 사람만 이득이고, 베푸는 사람은 보답을 기대해서도 안 되고 받아서도 안 된다고 생각한다. 하지만 사실은 그 반대다. 친절과 연민은 자신이 더 행복해지고 몸도 더욱 좋아지게 도울 수 있다. 미국 캘리포니아대학교의 심리학과 교수인 소냐 류보머스키Sonja Lyubomirsky는 친절, 행복, 건강상의 이익에 대해 주로 연구한다. 류보머스키의 연구에 따르면, 다른 사람을 위해서 좋은 일을 하는 사람은 긍정적인 감정이 늘어나고, 부정적인 감정이 줄어든다.

그렇다면 다른 사람을 돕는 일이 이기적이라는 뜻일까? 유명한 티베트 승려이면서 교사이자 작가이고, 1989년 노벨 평화상을 비롯해 자비로운 업적으로 많은 인도주의 상을 받은 달라이 라마는 그렇지 않다고 말한다. 달라이 라마는 친절한 행동을 '현명한 이기주의'라고 부른다. 개인의 행복은 다른 사람의 행복과 얽혀 있다는 의미이다. 인간은 상호 의존적이기 때문에, 다른 사람을 돕는 것은 자신에게 목적의식을 줄 수 있고, 이것이 행복에서 본질적인 부분이다.

그러니 주변에 친절을 베풀자. 형제자매나 친구에게 뭔가 친절한 일을 해 줄 수 있을 것이다. 또는 지역 노숙자 쉼터에 식사 지원을 하도록 캠페인을 벌이자. 팀을 만들어서 학교나 집 가까이 있는 보도를 따라가며 쓰레기를 줍자. 또는 길 위에 쌓인 낙엽이나 눈을 치우자. "고마워요." 또는 "좋은 생각이에요."라고 자주 말하는 쪽보다 더 간단한 일일 수 있다. 또는 다른 사람이 먼저

"우리 모두는 각자 인류에 대한 책임이 있습니다. ……분노를 비롯한 이기적인 동기를 억누르도록 애쓰고, 다른 사람을 위해 친절과 자비심을 더 베풀면, 궁극적으로 자기 자신이 다른 사람보다 더 이익을 볼 거예요. ……어리석은 이기주의자는 늘 자기 생각만 하고, 그 결과는 부정적이지요. 현명한 이기주의자는 다른 사람을 생각하고, 최대한 도와주고, 그 결과 자신도 또한 혜택을 받습니다."

달라이 라마 승려·노벨 평화상 수상자·작가

가도록 길을 비켜 주거나, 다른 사람이 들어올 때까지 문을 잡아
주자.

친절해지는 쪽으로 마음의 방향을 틀면, 친절을 베풀 기회는
얼마든지 있다. 다음과 같은 자애 명상을 통해 친절의 경험을 높
일 수 있다. 효과가 더욱 크도록 자애 명상의 첫 대상을 자신으로
삼은 다음, 다른 사람에게 향한다.

명상하기

자애 명상

명상 자세로 앉는다. 세 번 마음챙김 호흡을 한다.
숨 쉴 때 가슴과 배가 부풀어 오르고 가라앉는 것을 알아차린다.
숨을 쉴 때마다 더욱 긴장을 푼다.
자리에서 깊숙이 가라앉는다고 상상한다.

자신을 행복하게 하고 사랑하게 만드는 사람을 떠올린다.
그 사람의 모습을 마음속에 그려 보며 친절함이라는 감정에 집중
한다.
자신의 주변과 마음속에서 황금빛 햇살이 비칠 때 그 따뜻함을 느
낀다.

친구나 가족과 같이 사랑하는 사람에게 황금빛 햇살을 보낸다고 상상한다.

자신의 빛줄기가 상대방의 마음속으로 들어가, 상대방을 행복하게 만든다고 상상한다.

잘 모르는 사람, 또는 신경을 긁는 사람에게도 친절함의 황금빛 햇살을 보낸다.

그 사람에게 빛이 스며들게 한다. 그 사람이 행복해지는 것을 상상한다.

마지막으로, 온 세상 사람과 자신의 황금빛을 공유한다.

자신의 친절함으로 고통을 덜어 줄 수 있다고 상상한다.

잠시 자애로움을 공유하는 기분 속에서 휴식한다.

"나와 다른 모든 사람이 행복하고, 건강하고, 안전하기를."이라고 자신에게 되풀이해서 말한다.

마음챙김 호흡을 부드럽게, 천천히 세 번 더 한 다음, 명상을 끝낸다. ○

마음챙김 연습을 돕는 마음가짐

마음챙김은 삶을 살아가는 한 방식으로서, 자신에게 마음을 열고 현재에 대한 인식을 꾸준히 넓히는 방법이다. 여기에 마음가짐을 더하면, 날마다 마음챙김 연습을 강화할 수 있다. 기억할 점은 마음가짐이란 목표와 같지 않다는 것이다. 마음가짐은 하루하루를 살아가면서 자신의 태도를 형성하도록 돕는 영감의 원천이다.

오늘을 위한 마음가짐을 선택한다. 아래의 마음가짐 목록을 보며 시작해 보자. 낮 동안 마음가짐을 유지하고 있는지 스스로 확인해 본다. 날마다 하루를 마치며, 마음가짐이 자신에게 어떤 영향을 끼쳤는지 되새긴다. 낮에 마음가짐을 잊어버렸다 해도 걱정하지 말자. 마음가짐을 깜빡한 것을 알아차린 순간이 바로 마음챙김의 순간이다.

오늘을 위한 마음가짐 목록

허락	사랑
차분함	비판적이지 않기
자애로움	열린 마음
용서	인내
다정함	평화로움
너그러움	존중

감사하기	자기 수용
도움되기	참을성
정직	믿음
친절함	이해

훌륭한 가치를 다른 사람에게

명상의 마지막 요소는 명상 수련의 장점이나 긍정적 효과를 다른 사람에게 바치는 것이다. 이것이 자신의 마음을 다른 사람에게 향하도록 바꾸는 방법이다. 이렇게 할 때, "나는 마음챙김에서 이익을 얻으면, 내가 얻은 긍정적인 결과물을 다른 사람과 공유해." 라고 자신에게 말하고 있는 것이다. 명상을 하면, 더 행복하고, 지혜롭고, 자비심 많은 존재가 될 수 있다. 따라서 자신에게도 이득이고, 주변 사람에게도 이득이다.

우리는 모두 힘든 시기를 겪는다. 다들 힘겨운 감정을 느끼고 골치 아픈 생각을 하며 산다. 우리가 어려운 일을 헤쳐 나갈 때, 어떤 경험을 하고 어떤 반응을 보일지 자신이 통제할 수 있다는 점을 잊기도 한다. 마음챙김을 실천하면, 우리는 행복에게 마음을 열고 내면에서 고요함을 찾게 된다.

지식은 모험이다 22

눈 감으면 졸리지만 명상은 좀 멋져요

처음 인쇄한 날	2021년 7월 19일
처음 펴낸 날	2021년 7월 22일

글	휘트니 스튜어트
옮김	신인수
펴낸이	이은수
편집	오지명
교정	송혜주
디자인	원상희
펴낸곳	오유아이(초록개구리)
출판등록	2015년 9월 24일(제300-2015-147호)
주소	서울시 종로구 비봉 2길 32, 3동 101호
전화	02-6385-9930
팩스	0303-3443-9930
페이스북	www.facebook.com/greenfrog.pub

ISBN 979-11-5782-107-5 44190
ISBN 978-89-92161-61-9 (세트)